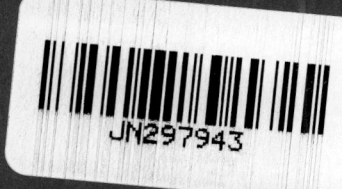

Welcome to JAPAN HOUSES!
知っておきたい住宅設計の基本

図説

日本の住まい

中山 章

建築資料研究社

ようこそ, 日本の住まいへ!

◉伝統的な日本の住まいは絶滅危惧種?

現代の日本の住まいには、古くからの影響がたくさん残っています。「畳《たたみ》・障《しょう》子《じ》・襖《ふすま》」など、座敷《ざしき》（和室）の必需品は、千年以上前の平安時代から伝わってきたものです。瓦の屋根は仏教伝来後の6世紀後半の飛鳥時代に渡来しました。木材による構築技術は青森の三内丸山遺跡が証明するように、縄文時代から存在していました。技術的には、日本の建築は思いのほか変化しなかったと考えることもできます。

しかし、当たり前ですが、現代の生活は江戸時代とは大きく変わっています。近代になってからの変化は大きなものでした。明治維新にともなう西洋文明の移入に始まり、第2次世界大戦の敗戦後は、その変化をより加速させ、日本の住まいは大きく変貌《へんぼう》しました。

今や21世紀、かつては日常生活のなかに残っていた伝統的な住まい方やその知識も、過去のものになってしまいました。床（ゆか）とは読めても、床（とこ）とは読めず、その床《とこ》（床の間）を見たこともない学生が建築学科に入学してきます。和室、座敷などと呼ばれる畳敷きの部屋が、一般家庭からも消えようとしています。親から子へと受け継がれてきた住まいの作法も、風前《ふうぜん》の灯《ともしび》です。日本の住まい、伝統的な住宅は、学習しなければ知ることができないものになってしまったようです。

◉消滅の危機は学習のチャンス

日本の伝統的な住宅の形や、生活文化の記録、記憶が失われるとはいっても、われわれのまわりにはまだまだたくさんの歴史的な住宅や、古建築が残っています。また、積極的に保存しようとする活動も見られます。進んで古い建物を改修し、住み続ける人も増えているようです。本当の危機に瀕《ひん》したときには、それを守ろうとする意識も強くなります。

このような状況が決してよいとはいえませんが、せっかくの機会ですので、このあたりで日本の住まいについて学習してみるのもよいでしょう。

今住んでいる家は、どのような歴史を経て今日のような形になったのか。住まいにたずさわる専門家なら知っているべきことですが、学校ではあまり教えてくれません。専門的なむずかしい事柄ではなく、ごく身近なこととしての理解が大切です。

◉日本の住まいは3点セット

あらめて日本の住まいを見ていて、目に止まったことがあります。気がついてみればたいしたことでもないのですが、いわゆる「3点セット」による組合せ方式があることです。代表的なもので、座敷飾りの「床《とこ》・棚《たな》・書院《しょいん》」。床（床の間）は「床柱《とこばしら》・床框《とこがまち》・落掛《おとしが》け」。畳は、「畳表《おもて》・畳床《どこ》・畳縁《べり》」。おおよそ、このような組合せでつくられています。なぜなのか、その理由ははっきりしませんが、日本建築、日本の住まいを理解するためにはわかりやすく、意外に役に立つ方法です。

これは建物ばかりではなく、さまざまな領域で用いられています。伝統的な絵画表現では「近景・中景・遠景」、生け花では「天・地・人」、書では「真《しん》・行《ぎょう》・草《そう》」、能では「序《じょ》・破《は》・急《きゅう》」など、おもに美意識に結びついた符牒《ふちょう》のようなものです。もちろん例外もありますので、本書では無理のない範囲で、できるだけわかりやすく3点セットで解説したいと思います。

中山 章

目次

❹ 茶室

❺ 民家

❻ 庭

★コラム

作図

中山章　下記以外のイラスト・図・原図

前田伸治（暮らし十職一級建築士事務所）

p043上, p046, p049, p058〜060, p062, p070〜073, p079,
p099下, p100, p102・103, p105上3点

樋口潤一　p092, p093上右・下左
（トレース／p034, p036下, p054〜056, p057上右・下）

写真

田村収　p018, p020, p039下, p064, p088, p090, p091, p095

喜多章　p039上, p044, p061, 063

相原功　p039中, p077上

TNM Image Archives（http://TnmArchives.jp/）
p050東京国立博物館所蔵「類聚雑要抄」巻2宝禮指図

❶ 住居タイプ

Types of Japanese Houses

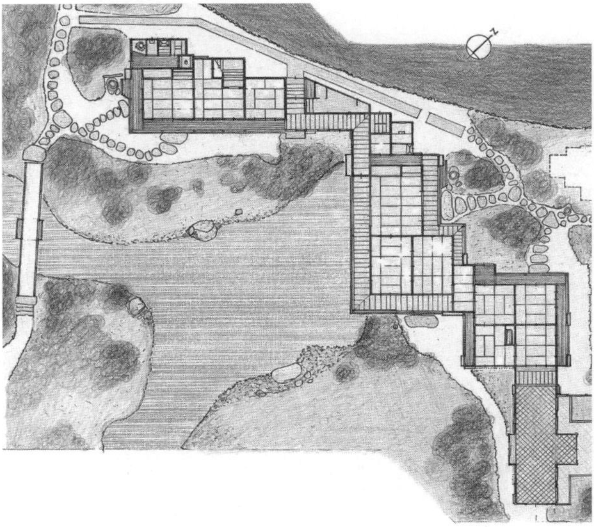

三溪園臨春閣

時代とともに変化した支配階層の3つの住まい
公家と武家が営んだ住居

寝殿造《しんでんづく》り

古代から中世にかけて平安京でつくられた公家（貴族）住宅を「寝殿造り」と呼ぶ。法住寺殿は後白河法皇の御所。絵巻物や日記などの記録からその姿が復元された。周囲を築地で囲い東西に門を設ける。中央南面した建物が寝殿、東西に対屋（たいのや）、南庭の池まで渡廊が延び、途中に中門、端に釣殿、泉殿を設ける。

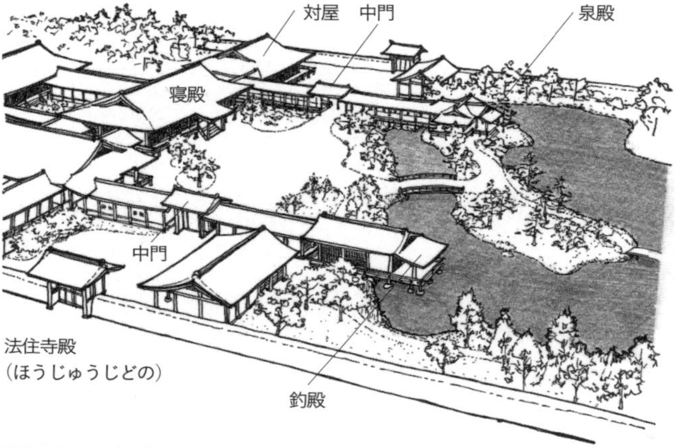

法住寺殿
（ほうじゅうじどの）

庇と蔀戸（しとみど） 寝殿造りは母屋（もや）を中心にして、周囲に庇（ひさし）がめぐらされる。母屋と庇の間は御簾や壁代、屏風などで仕切る。庇と外部の間には蔀戸がつく。（p.012参照）

京都御所紫宸殿（ししいでん）

3·SET **寝殿・書院・数寄屋**

支配階級の住宅様式は、その階級の消滅とともに姿を消していきます。それぞれの時代を支配してきた公家《くげ》（貴族）と武士の住居タイプは寝殿造りと書院造りに大別されます。今ではこの2タイプは過去の住宅様式といえます。対して数寄屋造りは草庵風茶室《そうあんふうちゃしつ》がルーツですが、書院建築に影響を及ぼし、支配者層だけでなく庶民にも波及した自由で多様な建築スタイルでした。その影響力は強く、茶室同様今日でもつくられています。

書院《しょいん》造《づく》り

近世（安土桃山～江戸時代）武家住宅の定型を「書院造り」と呼ぶ。寝殿造りが円柱と板床を用いたのに対して、書院造りは角柱と畳を敷き詰めた部屋となる。間仕切りが柱間をスライドする今日の襖や障子と同様になる。二条城二の丸御殿はその代表的遺構。

二条城二の丸御殿

帳台構え（ちょうだいがまえ） 帳台は寝殿造りでの寝所のことで、寝殿内での格式を表わす形式になった。書院造りの床飾りに帳台構えを組み込んだのは織田信長だという説もある。（p.013参照）

二条城二の丸御殿
大広間

数《す》寄《き》屋《や》造《づく》り

室町時代から盛んになったお茶（茶道）用の建物「草庵風茶室」がルーツ。近世初期に、数寄屋の意匠や技法が書院や広間に取り入れられ、おもに檜の白木造りだった書院造りに対し、数寄屋造りでは杉丸太、面皮材、松、栂などが用いられ、色付けされた。

三溪園臨春閣

床脇の出書院　西本願寺黒書院一の間は江戸時代前期の数寄屋座敷の典型である。壁はすべて色土壁。柱、長押、天井など木部はすべて色付け（古色付け）が施された。床脇書院には禅宗様の火燈窓が設けられている。これも数寄屋造りの特徴の一つである。

西本願寺黒書院

歴史が積み重ねられた住まい

庶民が暮らした民家

農家《のうか》

農業生産を主とした地域の建物。生活生産基盤である土地に密着し、その用材は自力か親類縁者が持ち寄る「木寄せ」による。建設は専門職による仕事と、地縁者の協力による部分がある。地域の気候風土、習慣、材料、技術などの制約を強く受ける。

旧鴇田家住宅（千葉県）

塗残し窓　切妻壁面の土壁部に設けられた塗残し窓。壁下地木舞組をそのままに土壁を塗り残した開口部。茶室の下地窓はこの形を洗練したもの。

旧広瀬家住宅（川崎市立日本民家園）

3·SET　**農家・町家・蔵**

非支配階級である庶民の住宅を総称して民家と呼びます。縄文時代の竪穴住居からの長い歴史を経て、ゆっくりと変化してきました。大別すれば、農村集落を形成した農家型と、都市型住宅の町家型に分類できます。庶民にも富の蓄積が始まり、農家、町家ともに収蔵施設の必要性から蔵がつくられました。蔵の防火性は、都市型住宅の新タイプとして蔵造りへと発展しました。明治からの西洋化のなかで和洋折衷《わようせっちゅう》住宅も生まれました。

町家《まちや》

商工業活動を中心とした都市型の住居タイプ。同じような建物が連続して建ち並ぶさまを「町並み」と呼び、町の構成員となることの表明でもあった。用材は材木屋から調達するのが一般的であり、建設はすべて専門職による。

日下部家住宅（岐阜県高山）

虫籠窓（むしこまど）　立ちの低い町家のツシ2階に設けられた格子窓。古いタイプの町家ほどツシ2階の軒が低い。字義の通り、虫籠（むしかご）のような窓の意味。

河合家住宅（奈良県今井町）

蔵造《くらづく》り

蔵造りの建物は、数十万棟現存している。蔵は本来、食料家財の保存、蓄積のための建物であるが、その耐火性により多くの地域で店蔵や蔵座敷がつくられた。関東では明治期以降のものが多く、関西には城郭建築の影響による塗屋造りが古くからある。

岩崎家土蔵（高知県安芸）

水切瓦と蔵窓　土蔵の水切瓦。台風銀座と呼ばれる地域の蔵の工夫である。外壁に吹き付ける豪雨を瓦1枚分の庇で切り分け、外壁を守る。

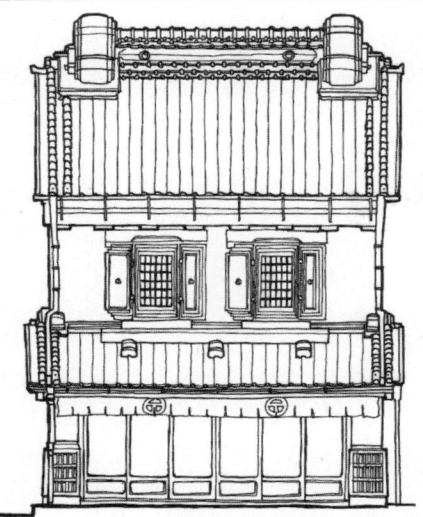

宮岡家「まちかん」（埼玉県川越）

中心から外へと向かう空間の階層

寝殿造りの空間構成

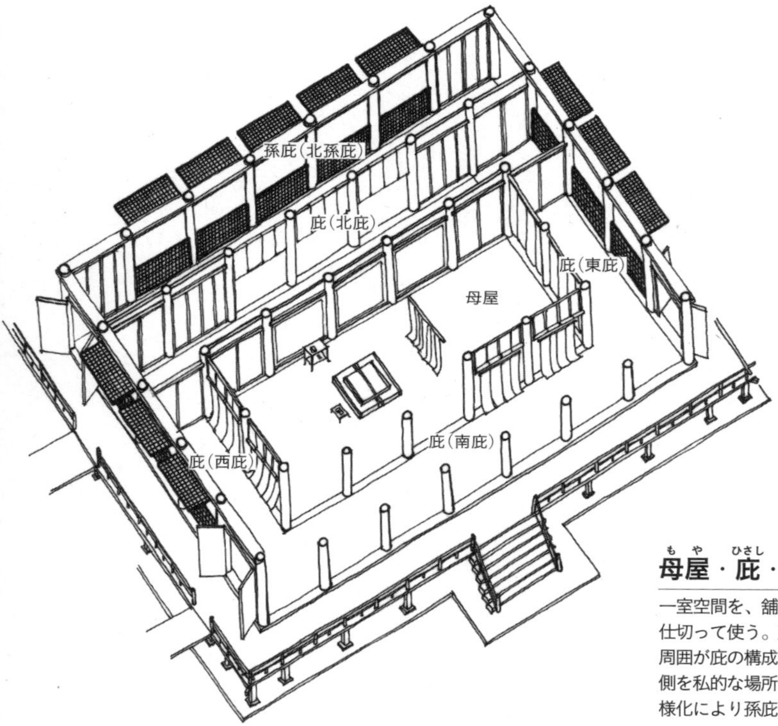

母屋《もや》・庇《ひさし》・孫庇《まごびさし》

一室空間を、舗設（しつらい）で仕切って使う。建物中央が母屋、周囲が庇の構成。南側を公式、北側を私的な場所とした。生活の多様化により孫庇が増設された。

3·SET　母屋・庇・孫庇

日本の住宅建築には、それぞれに特徴的な空間の構成を読み取ることができます。そこには生活作法と構築方法が不即《ふそく》不離《ふり》に関わっています。

寝殿造《しんでんづく》りは同時代の寺院や宮殿建築と同じ工法でつくられ、内部空間は太い円《えん》柱《ちゅう》と化粧小屋組がそのまま露出した一室空間でした。さまざまな家具装置（舗設／しつらい）で、必要に応じて仕切って使いました。

建物中央部分を母屋《もや》と呼び、周囲に庇《ひさし》をめぐらした構成となっています。母屋には寝室として塗籠《ぬりごめ》や帳台《ちょうだい》が設けられ、貴族の生活や儀式の中心となります。南庭とともに南側の庇は公式に使い、北側を私的な場所としました。生活が多様になっていくにしたがい、孫庇《まごびさし》が増設され、中心から外へ外へと向かう視線で空間がつくられています。

下から上へと向かう身分の表現

書院造りの空間構成

上段《じょうだん》・中段《ちゅうだん》・下段《げだん》

書院は武家の対面儀式用の建物である。内輪の「接客」以外に家臣を多数集めた公的な「対面」の場が必要になった。上段・中段・下段の高低がそのまま身分の表現となる。古式の上段には上々段を矩折りに設けた例が多い。

西本願寺飛雲閣の招賢殿

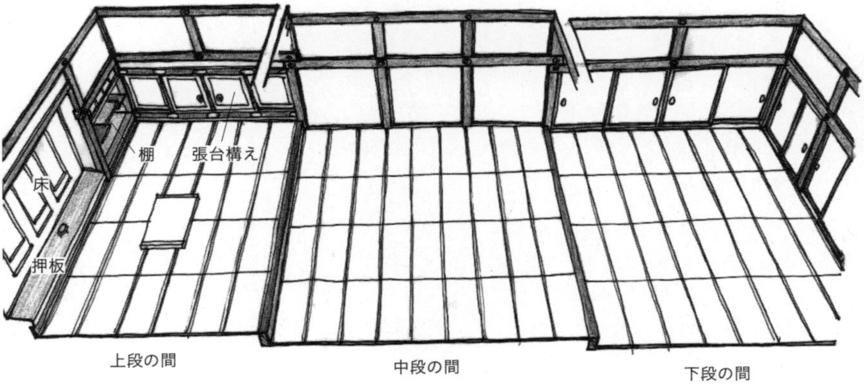

3·SET　上段・中段・下段

近世（安土桃山〜江戸時代）の武家住宅の定型を書院造《しょいんづく》りと呼びます。中世（鎌倉〜室町時代）の武家住宅を「主殿《しゅでん》」と呼んで区別する場合もあります。寝殿造りの円柱《えんちゅう》と板床に対して、角柱《かくばしら》に畳を敷き詰めた座敷《ざしき》となり、間仕切りは柱間をスライドする襖《ふすま》と障子《しょうじ》に変わりました。武士の封建制が確立され、書院は公式な接客・対面の場となりました。床《とこ》、棚、書院に帳台構《ちょうだいがま》えを加えた形が座敷飾りの定型になり、身分階級を床《ゆか》の高さで表現しました。上段の間《ま》、中段の間、下段の間、または上段・上々段《じょうじょうだん》に分けられました。当初一直線の座敷構成でしたが、後にはＬ型の座敷構成に変化しました。これは対面の儀式が変化したためです。

さらに大書院、小書院、御座間《ござのま》と大中小の棟に分けられ、儀式による使い分けが行われました。

庭と座敷を縁がつなぐ

数寄屋造りの空間構成

座敷《ざしき》・縁《えん》・庭《にわ》

書院は儀礼用が主で、庭とのつながりはあまり意識されていない。それに対して内向きの書院や下屋敷、別邸などは庭園と密接に結びついた数寄屋造りが多く、自然を好む日本人の住居モデルとなり、今日まで続く。

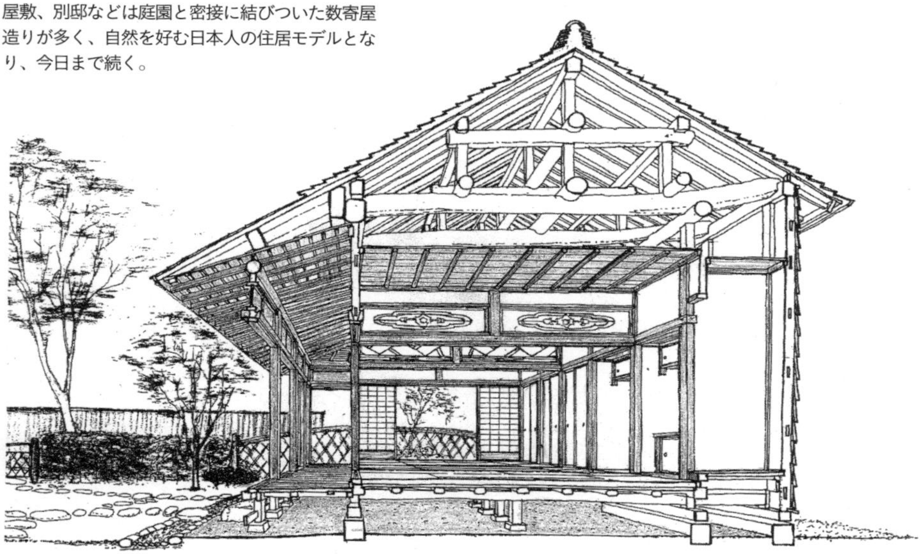

庭　縁　座敷　秋山家住宅（千葉県流山）

3·SET　座敷・縁・庭

誰もが思い描く日本の住まいのイメージは、座敷《ざしき》と庭が一体になった開放的な住宅でしょう。しかし、江戸時代の初め頃にはまだ雨戸《あまど》がなく、縁《えん》は吹放しのままで、座敷と縁の境には、障子1本と遣《やり》戸《ど》（板戸）2本をセットにして、戸締《とじ》まりと雨戸を兼ねました。障子を開けても柱間の半分は遣戸でふさがれ、座敷からの庭の景色は分断されてしまいました。書院造りでは、庭とのつながりはあまり意識されていなかったようです。

開放的な住まいを可能にしたのは、雨戸の発明でした。縁先に設けた一筋敷居《ひとすじじきい》に沿って雨戸が順番に戸袋から滑り出すだけの簡単な方式で、どこにでも取り付けられる画期的な装置でした。

広い庭園は大名の下屋敷や別邸に多くつくられ、「遊び」の施設として数寄屋造り（数寄屋風書院）が用いられました。

シンプルな架構から多様な生活をつくりだす

民家の空間構成

上屋《じょうや》・下屋《げや》・又下屋《またげや》

民家建築は多くの制約を受けた建物であり、木材の使用にも限界があった。上屋と下屋による構成は、制約のなかから生まれた架構方式である。地域や時代によりさまざまな変化、変遷が見られ、下屋の外に又下屋を設けることもある。

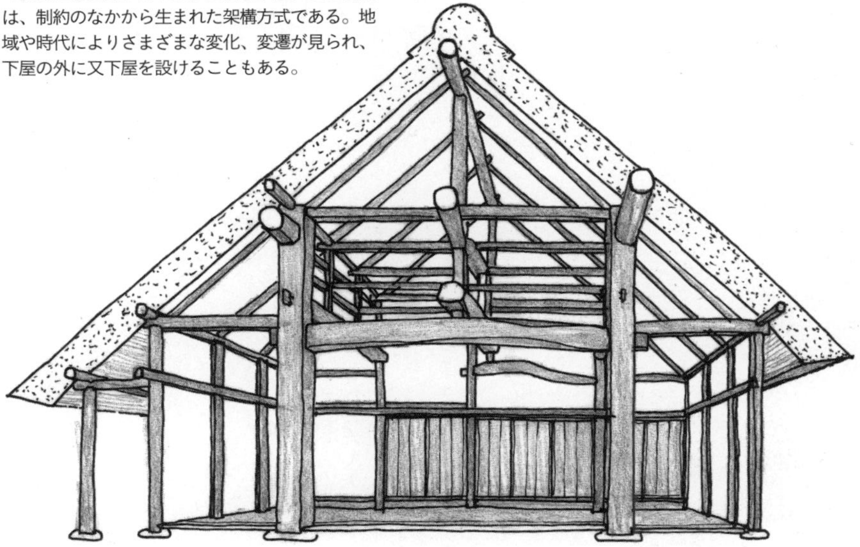

旧広瀬家住宅（川崎市立日本民家園）

3·SET　上屋・下屋・又下屋

民家建築にはさまざまな制約がありました。建物の規模や用材にも限度があり、架構方式にも影響しました。上屋《じょうや》部は柱が太く一段高い造りになり、主要構造部を構成します。上屋の四周に一段低い下《げ》屋《や》がつき、柱も細く短いものが用いられます。上屋の柱間《はしらま》をつなぐのが上屋梁《ばり》で小屋組《こやぐみ》を受けます。使用できる梁の長さには限度があり、梁間《はりま》を拡大するために下屋の外に又下屋《またげや》をつくりました。下屋部分は垂木《たるき》でつないだだけの簡単なものから、次第に強固につなぐものに変化しました。このフレームのなかで、3つの機能「作業場・共同生活場・寝室」と「オモテとウラ」「カミとシモ」の原理に基づいて、地域独自の間取りがつくられてきました。上層農家では下屋のない、立ちの高いものもありますが、基本は「上屋・下屋」構成でした。

和洋折衷住宅は近代の民家

和風の建物と西洋風の建物、和館と洋館がそのまま合体してしまった住宅を「和洋折衷住宅《わようせっちゅうじゅうたく》」と呼びます。現在では使われなくなった言葉ですが、この言葉の意味する内容はまだまだ生き延びているようです。

幕末から明治、鎖国が開け西洋文明が押し寄せました。新しい時代の建築として、西洋風の建築がつくられました。しかし、それまでの日本の建築がなくなるわけではなく、そのまま存続していきます。不思議に思うことではないのかもしれませんが、新しいものを手に入れても、古くからのものを手放すことはないのです。初めの頃は特別な社会階層の建物として、洋館と和館は別棟でつくられました。しばらくすると、市民のなかの富裕層も普通の住宅と一緒に洋館を欲しました。結果的に和館と洋館が当たり前のように合体してしまったのです。これは支配階級のものだった板の間や座敷を民家に取り込み、共存させたことと同じです。和洋折衷住宅を近代の民家と呼びたくなります。（p.083参照）

ただ、和洋折衷住宅は偶然の産物ではなく、明治から大正にかけてエリート建築家たちが真剣に取り組んだ結果でもありました。建築家・保岡勝也《やすおかかつや》は『日本化したる洋風住宅』『欧米化したる日本住宅』『和風を主とする折衷小住宅』『洋風を主とする折衷小住宅』という4冊の本を書いています。なにやら昨今の住宅展示場のパンフレットを見ているようです。

現代の小さな住宅では1棟に複数のスタイルはむずかしくなりましたが、和も洋も、モダーンもクラシックも何でも選べます。一度手に入れたものは手放さない、現代住宅も日本の民家なのですね。

平野邸　東京都文京区西片

② 屋根と架構

The Roofs and Frames of Houses

高橋家　宮城県名取

日本建築は屋根!

屋根のかたち

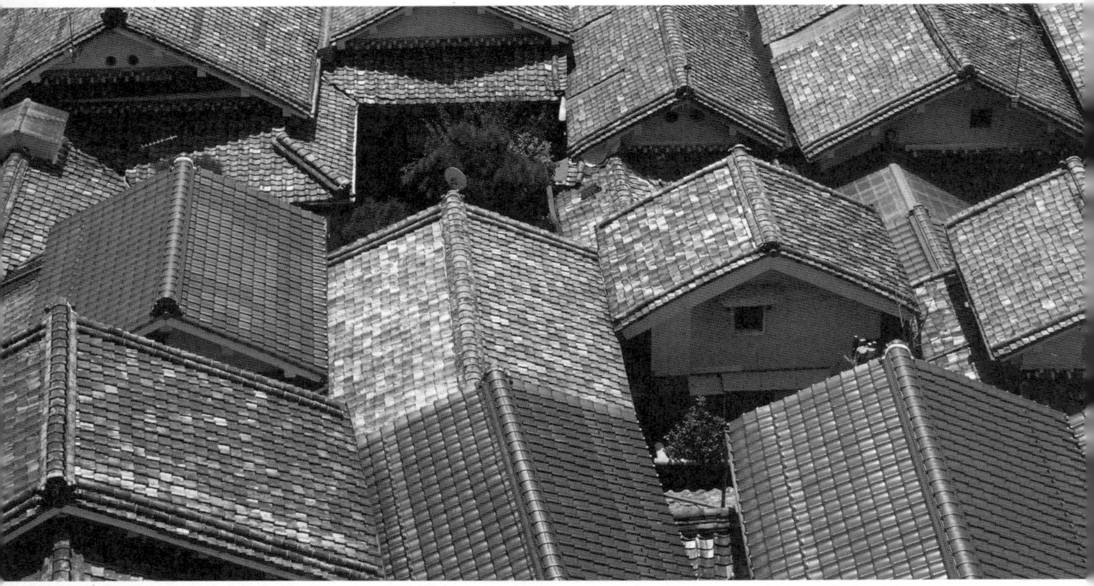

切妻屋根の連なり 伝統的な家並みは、同じ素材、同じ形であっても豊かな景観をつくりだす。手仕事の美である。

3·SET 切妻《きりづま》・寄棟《よせむね》・入母屋《いりもや》

日本の建築景観を象徴するのは屋根です。年間の降雨日が多いため建設時最初につくられるのも屋根。太陽高度が高く直射光はおもに屋根に当たるため、もっとも目立ちます。同時に断熱性や遮熱《しゃねつ》性の高い素材が用いられます。

屋根の基本形は「切妻・寄棟・入母屋」で、ほとんどの建物はこの3つの形か、その組合せとなっています。例外的に正方形プランに方形《ほうぎょう》屋根、簡単な付属屋などに片流れ屋根が用いられます。

屋根勾配には「反《そ》り・起《むく》り・反り起り」の3種があります。茅葺《かやぶ》き屋根でも、部分的ではあっても軒《のき》に反りがあり、町家などでは妻面に起りが見られます。軒先に反りがあり、屋根面が起っている形が「反り起り屋根」で、緩やかな曲面のやわらかく優雅な屋根になります。

屋根には固有の呼称をもつ部位があります。そういった箇所は、風雨で傷《いた》みやすく、工夫が必要になる部分です。

屋根の基本形3タイプ

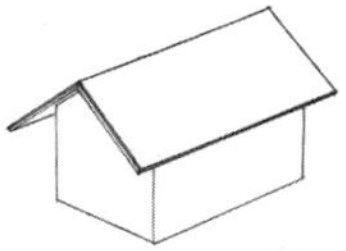

切妻（きりづま）屋根
棟の両側に流れをもつ。
側面が妻壁となる。

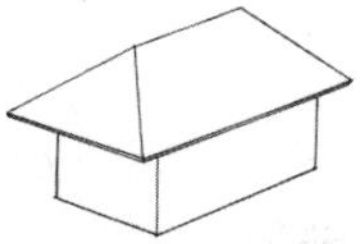

寄棟（よせむね）屋根
棟の四方に流れをもつ。

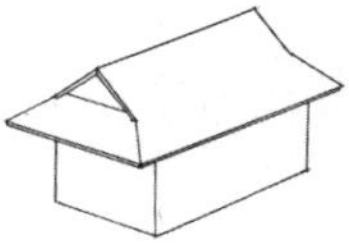

入母屋（いりもや）屋根
上部を切妻とし、四方に流れをつけた形式。切妻と寄棟を合わせた形。

屋根の反《そ》りと起《むく》り

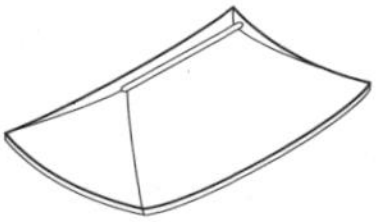

反り屋根

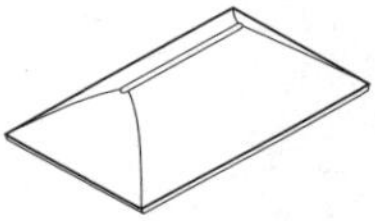

起り屋根

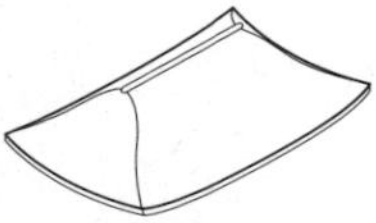

反り起り屋根

反り屋根では流れの勢いがより強調される。照り屋根ともいう。起り屋根は緩やかな膨らみをつけたもので、和らいだ表情となる。

屋根の部位名称

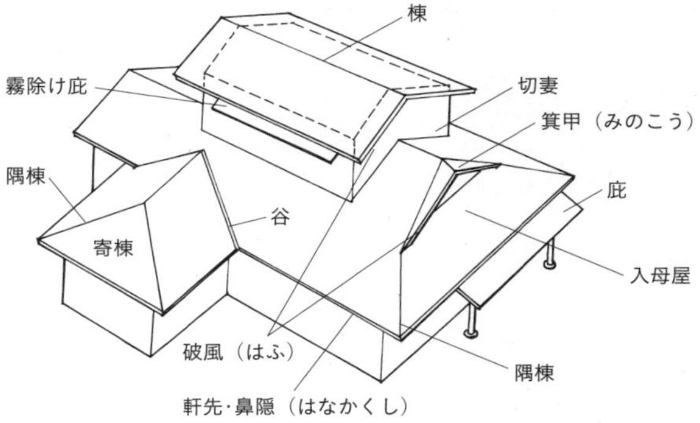

屋根をつくるうえで大切な箇所には呼称がつけられている。風雨を防ぐために傷みやすい箇所であり、同時に見え掛かりとしても大事な部位である。工匠たちの腕の見せどころにもなる。

屋根の向きと出入口の関係

桁行正面を平（ひら）、側面梁間を妻（つま）と呼び、入口の取付け部分により平入り、妻入りと呼ぶ。

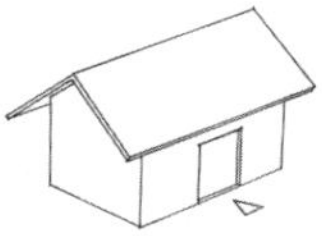

平入り

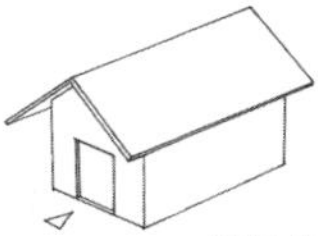

妻入り

その他の屋根の形状

方形屋根は正方形平面に用いられ、四面の屋根が頂点に集まる形。片流れは屋根面が一面だけ一方向に勾配をつけたもの。

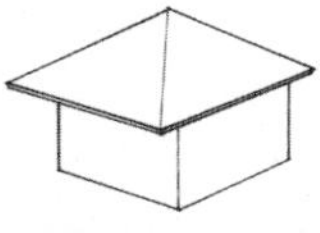

方形（ほうぎょう）屋根

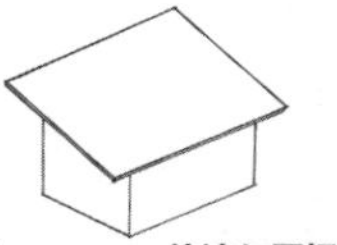

片流れ屋根

昔は屋根が重かった
屋根葺き材

屋根葺《ふ》き材3タイプ

茅葺き（かやぶき） 茅はススキなどの草本類の総称。緩勾配では茅が雨水を吸うため、通常は矩勾配（45度）で葺かれる。

柿葺き（こけらぶき） ヒノキ、サワラ、スギなどを薄く割り裂いた柿板を重ね葺きする工法。社寺、茶室、数寄屋などに用いられた。

瓦葺き（かわらぶき） 仏教建築とともに渡来した本瓦葺きは平瓦に丸瓦を交互にかぶせる工法。江戸期に波形の桟瓦が考案され広く普及した。

3·SET 茅葺き・板葺き・瓦葺き

伝統的な日本家屋の屋根は重いものでした。地震のときには弱点になるけれど、毎年来る台風に耐え、何よりも日々の雨露から守ることが優先されました。屋根葺きの材料は「茅・板・瓦」が基本です。 金物がなく釘での取付けができなかったため、茅は縄で縛り付け、板葺きには石を乗せ、瓦は土で固定しました。

民家は茅葺きが一般的ですが、茅が入手困難な地域では「板葺き石置《いしおき》屋根」でした。茅は本来ススキ、チガヤ、スゲ、イネワラなどの総称です。おもにススキが使用されますが、海茅《うみがや》としてヨシも用いられます。茅葺き屋根の勾配は10／10（矩勾配《かねこうばい》）ほどの急勾配になりますが、束ねた茅を差し込んで葺いていくため、茅そのものは3／10程度の勾配になってしまうのです。瓦は仏教建築とともに伝来した技術で、平瓦《ひらがわら》と丸瓦を組み合わせた本瓦《ほんがわら》葺きは大型の建物用でした。江戸時代により簡易で廉価な桟瓦《さんがわら》葺きが発明され、防火を兼ね町家にも普及しました。檜《ひのき》の樹皮の「檜皮《ひわだ》葺き」や、薄板を葺く「柿《こけら》葺き」は、竹釘で細かく打ち付ける手間のかかる仕事で、高級な建物用です。

屋根を守りつつ飾る
棟

茅《かや》葺《ぶ》き棟《むね》

茅葺き棟は茅をへの字に折り曲げて葺く。その固定法には重さによるものと縫い付けて固定するものがある。

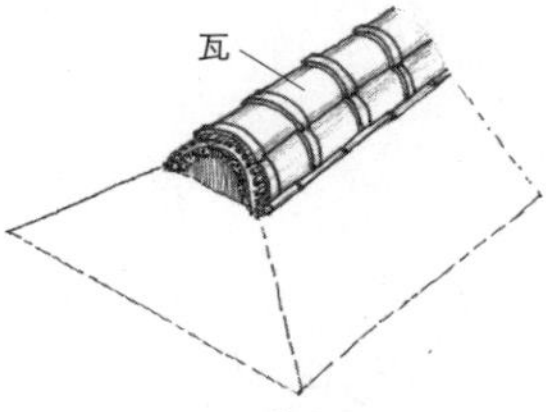

瓦巻き

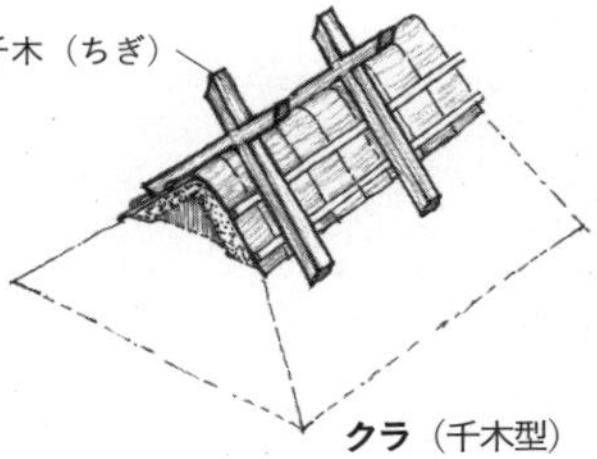

クラ（千木型）

板《いた》葺き棟

板葺きの棟部分には樹皮（檜皮など）を折り曲げて葺き、石を重しにするが、棟木（むなぎ）を乗せて押え込む。

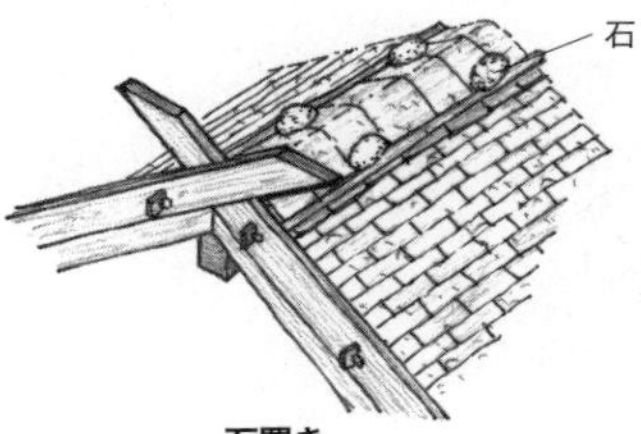

石置き

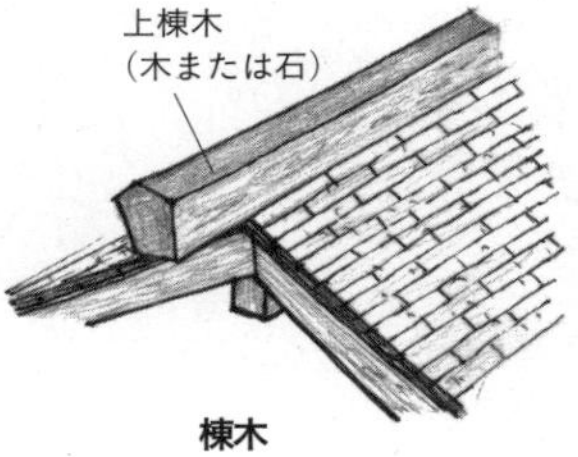

棟木

瓦《かわら》葺き棟

平瓦を数段積み上げたように見せる熨斗（のし）積みによる棟。棟の端部には鬼瓦のほかに獅子口（ししぐち）、鴟尾（しび）、鯱（しゃち）などがある。

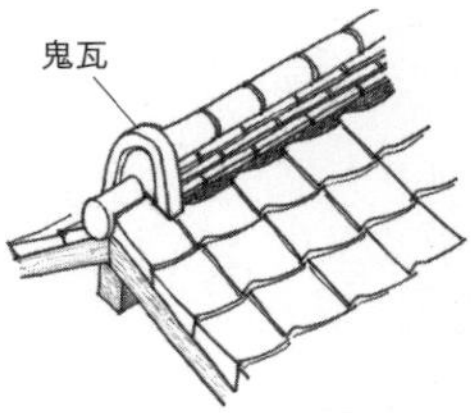

一般的な棟瓦

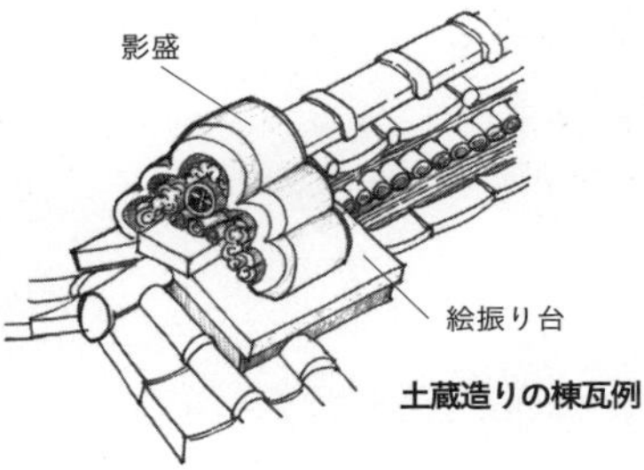

土蔵造りの棟瓦例

棟《むね》は屋根を守る重要な箇所で、材料や地域の違いでさまざまな形のものがあります。屋根と同じく金物での固定緊結《きんけつ》ができない時代には、重しで押え込む方法が一般的でした。強風にも飛ばされないものが用いられます。建物の頂部でもっとも目立つ場所ですので、厄除《やくよ》けや縁起《えんぎ》物が組み込まれました。シンボルとしての存在が強くなると、機能上の必要性以上に大きく目立つものがつくられました。

屋根の姿をつくる
小屋組・軒

小《こ》屋《や》組《ぐみ》の3タイプ

和小屋（わごや） 小屋組の基本形は、和小屋、洋小屋、茅葺き民家用のサス組で、もっとも普及しているのは和小屋である。小屋束と小屋梁を組み上げるだけの単純な工法は、さまざまな屋根形や、増改築にも対応でき便利である。今日でも在来工法として用いられる。

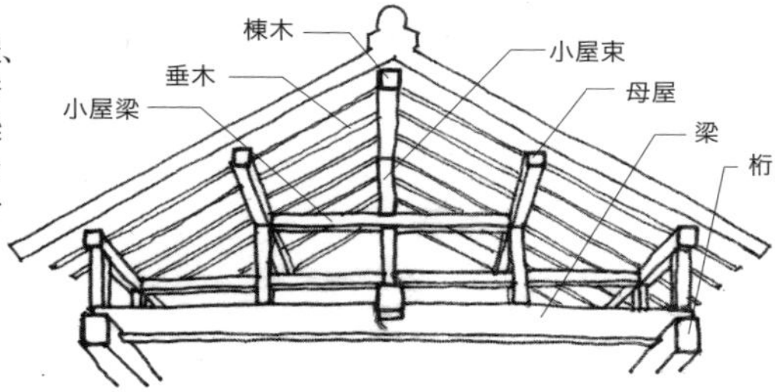

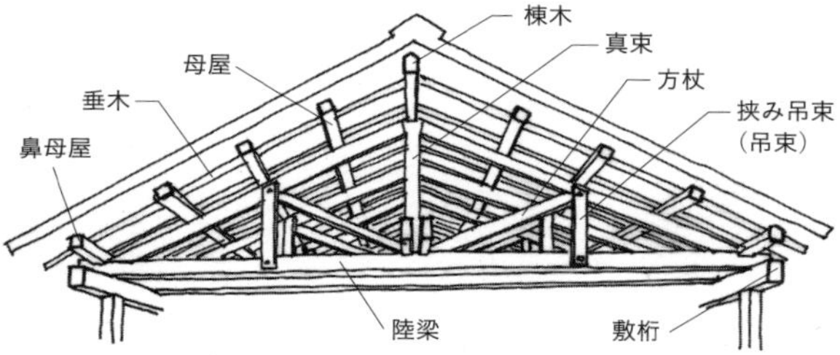

洋小屋（ようごや） 和小屋が示すように伝統的な日本建築では斜材を用いることが少ない。洋小屋は明治以降、西洋化により移入された技術である。小さな部材と少ない材料で大スパンが可能になるため、大型木造に多用された。

サス組 茅葺き民家に用いられる代表的な小屋組である。山形に組んだ形を合掌造りとも呼び、同工法である。2本のサスで棟木を支える工法は原始的にも見えるが、民家建築ではより進化した合理的な工法である。

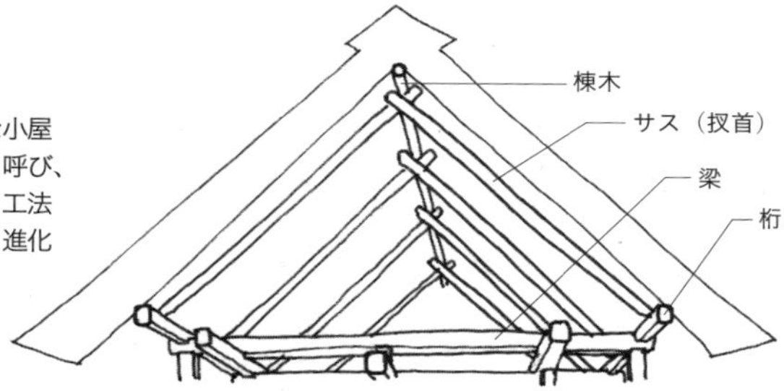

和小屋とサス組みとの折衷型

おだち組

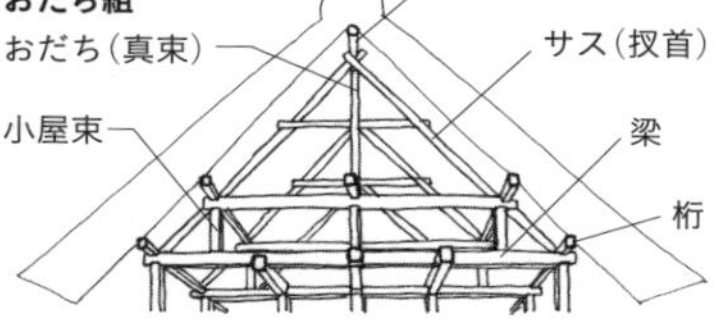

和小屋とサス組との折衷型小屋組。サスのほかにおだちと呼ぶ垂直材（棟束）を設けているのが特徴。おだち補強のための鳥居型小屋組から「おだち・とりい組」とも呼ばれ、民家先進地区である近畿地方の古い民家に多く見られる。

軒《のき》の3タイプ

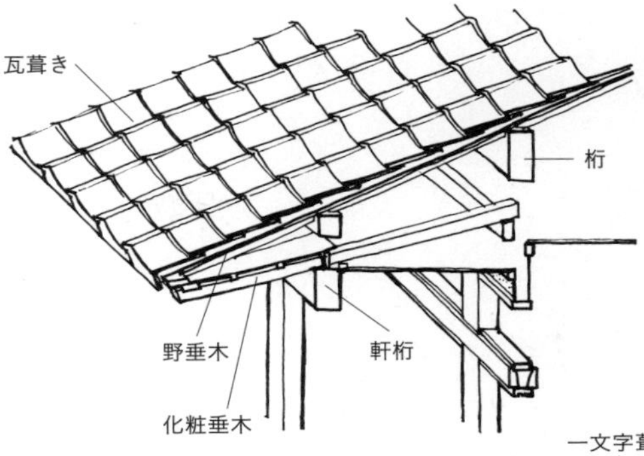

一軒（ひとのき）
軒先まで同じ屋根材で一体につくられた軒。軒先を化粧軒裏とする場合には屋根下地の野垂木と化粧垂木を別に設けることが多い。

腰葺き
軒先を軽快に見せたいときに瓦では重くなってしまうことから、軒先部分だけを軽い素材に葺き分けた軒。

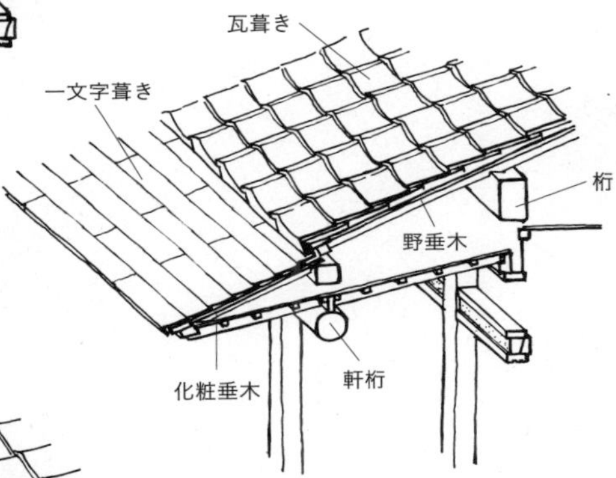

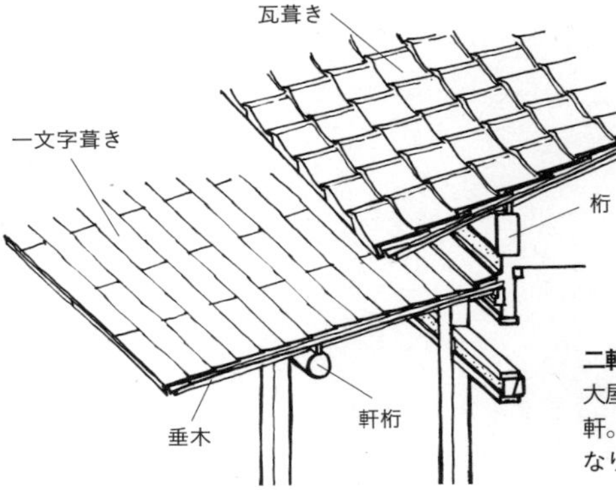

二軒（ふたのき）
大屋根の下に別な庇をさしかけ、二段に重ねた軒。数寄屋造りによく用いられる。軒先が低くなり、親しみやすい外観になる。

技術はより簡単で便利な方へと向かいます。結果として到達したのが和小屋《わごや》で、どんな複雑なプランでも自由に屋根をつくることができ、増改築にも対応する工法です。洋小屋《ようごや》は幕末に移入した外来の工法です。大スパンを小さな断面部材でつくることができる経済的な工法です。

農家の茅葺《かやぶ》き屋根は専門家ではなく住民が共同でつくるものでした。小屋組も同様に簡便な方法でつくる必要があり、最終的に到達したのがサス組でした。

和風建築の軒《のき》は数段重ねるものだと思われているかもしれませんが、本来表向きの御殿や書院は一軒《ひとのき》でした。内向きの建物が数寄屋風になり、軒を重ねた二軒《ふたのき》でつくられたのです。

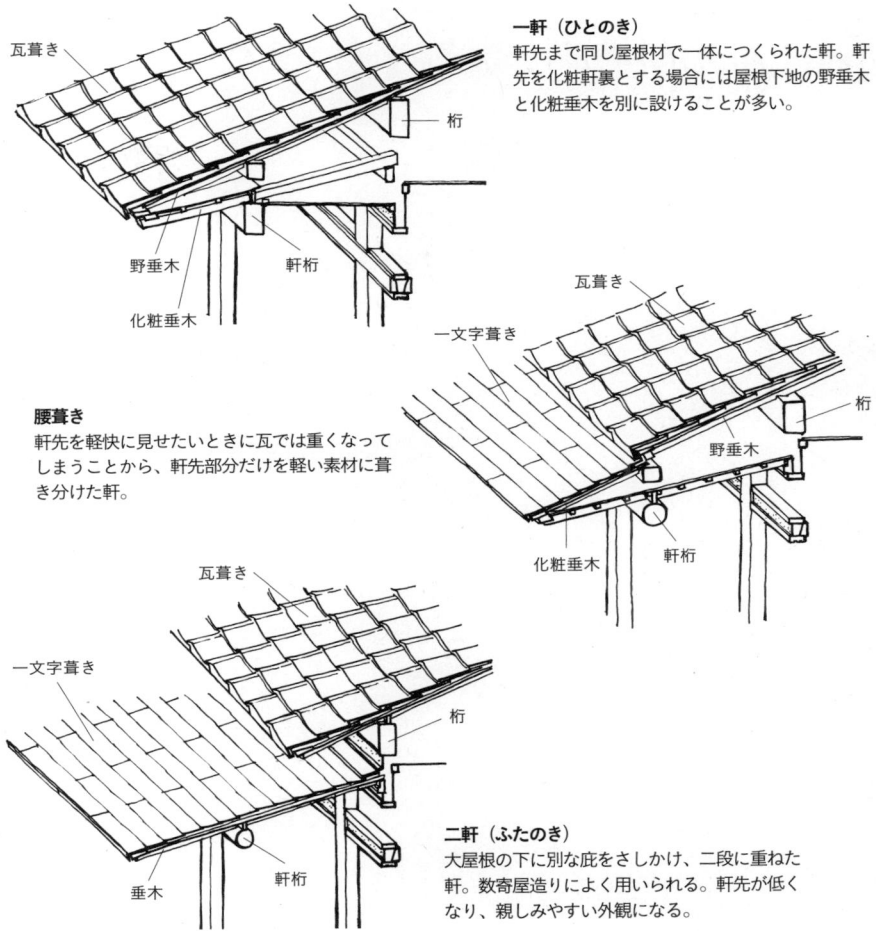

縦横に木を組む
軸組

軸組《じくぐみ》の3タイプ

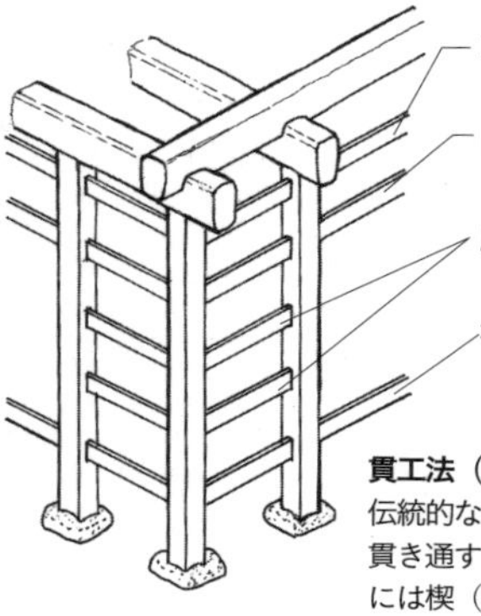

貫工法（ぬきこうほう）
伝統的な工法。貫は柱を貫き通す部材の意味。柱には楔（くさび）で固定する。土壁塗りの下地にもなる。

3·SET 貫《ぬき》・在来《ざいらい》・2×4《ツーバイフォー》

伝統工法と在来工法との違いに定説はないのですが、貫工法はより伝統的な建物に用いられます。柱間《はしらま》を土壁で塗り上げるための工法でもあり、柱に貫が数段取り付けられます。貫は柱を数本、貫き拘束《こうそく》することで強度を発揮します。

在来工法の特徴は間柱《まばしら》を壁下地とし、耐力壁を筋交《すじかい》でつくることです。斜材による補強を推進したのは西洋化の影響で

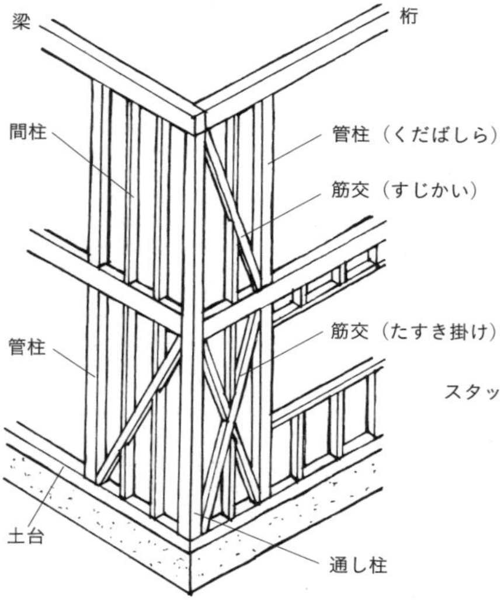

在来工法（ざいらいこうほう）
現在日本の一般木造住宅に用いられている工法。伝統技術を継承し時代に適応させた既存の工法。

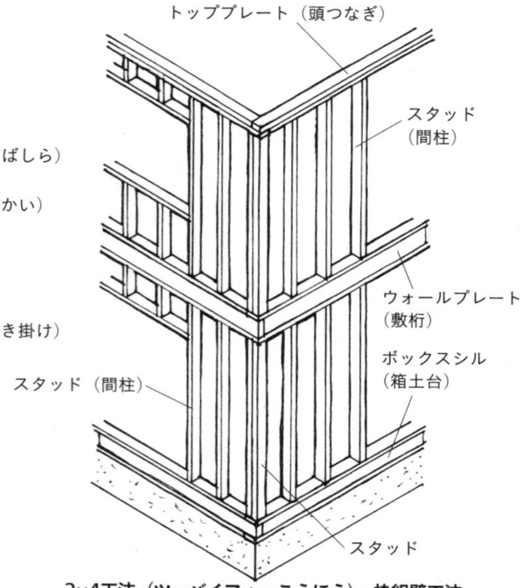

2×4工法（ツーバイフォーこうほう）・枠組壁工法
北米大陸での在来工法。規格木材と釘の生産が普及のきっかけ。現代では合板が必需品である。

す。日本の工匠も筋交は知っていました。しかし積極的に使おうとしなかったのには理由があったのだと推察します。

2×4工法とは日本でのネーミングで、2インチ×4インチ材（約5cm×10cm）を壁の枠材に用いたことによります。もとは北米大陸での在来工法を輸入したもので、プラットフォームシステムと呼ばれています。しかし、日本での正式名称は枠組壁《わくぐみかべ》工法となりました。不思議です。

柱と梁を門形に組み、一間《いっけん》ごとに配して桁《けた》で繋いだ工法が折置組《おりおきぐみ》で、農家型の民家に多く用いられた古くからの工法です。柱の位置が限定されるので単純な間取りに向いています。柱と桁のフレームを梁で繋ぐ京呂《きょうろ》組は、柱の位置が自由にできることもあり、今日の在来工法のもとになる工法です。

柱と梁《はり》の組み方

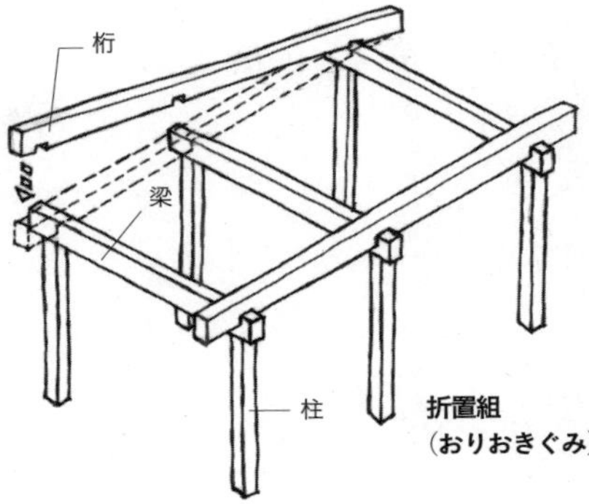

折置組
（おりおきぐみ）

柱と梁を門形に組み一間おき程度に配し、梁上から桁材を直角方向に架け渡して組む古式な架構。

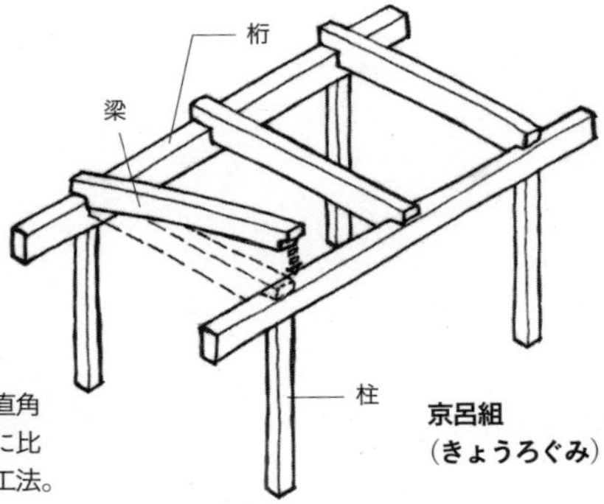

京呂組
（きょうろぐみ）

柱の直上に桁を乗せ、桁上に梁を直角方向に架けて組む架構法。折置組に比較して柱位置が自由になる新しい工法。

町家によく見られる組み方

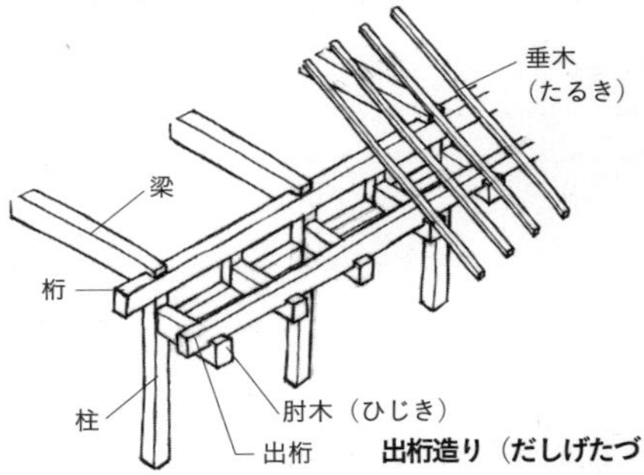

出桁造り（だしげたづくり）

いつの時代にも建物を立派に見せたいという心理が働く。町家建築では、通りに面した側にのみ肘木を設けて出桁を掛け、軒庇（のきびさし）を大きく張り出して軒天井を飾るようになった。これを出桁造りといい、農家建築にも用いられた。

柱は建築のシンボル

柱

柱のかたち

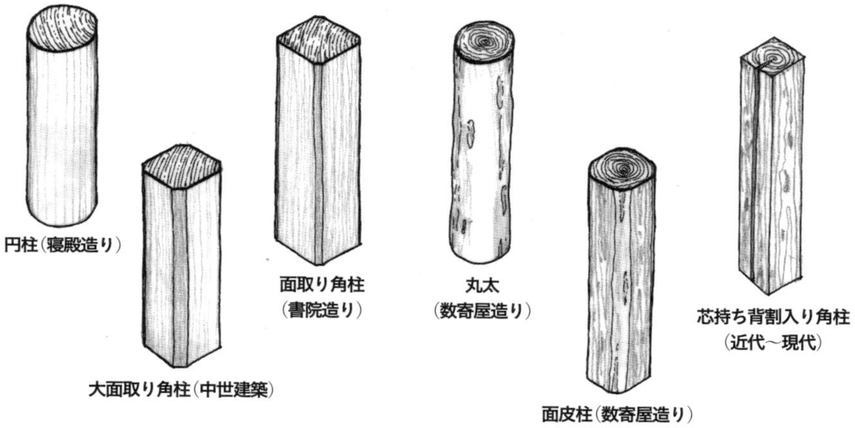

3·SET 円柱《えんちゅう》・角柱《かくばしら》・丸太《まるた》

ギリシャ、ローマに起源をもつ西洋建築では、柱が建物のプロポーションを決める基準でした。日本建築でも同様に様式や時代を象徴する柱が存在しました。

寝殿造りでは太い削り出し円柱、中世武家住宅では八角に近い大面取《おおめんと》り柱で、近世書院造りでは角柱に小さな面を取った柱となり、この時期に柱寸法を基準にした寸法体系「木割《きわり》」がつくられました。同じ時期、数寄屋建築ではより自然らしさを醸し出す丸太や、面皮柱《めんかわばしら》が使われました。書院と数寄屋、対極の建築が共存していました。現代の柱は急乾燥させるために、背割《せわり》加工した芯持《しんも》ち材が一般的です。これも時代を表わしています。

古代建築の円柱のつくり出し

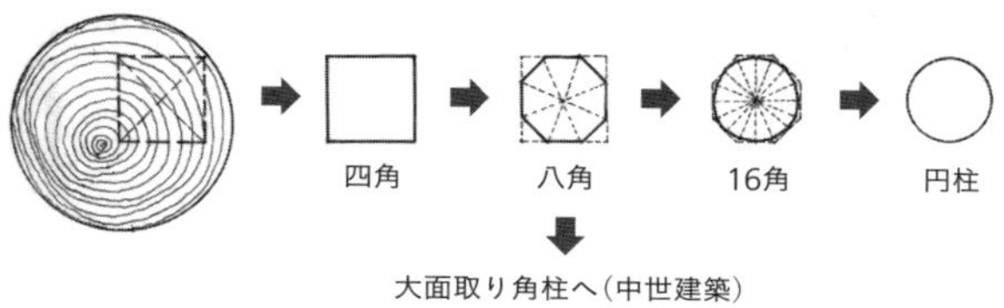

寝殿造りに用いられた円柱は、木材を左図のように削り出してつくられた。また、途中の八角形は大面取り角柱となって後の中世建築へ受け継がれた。

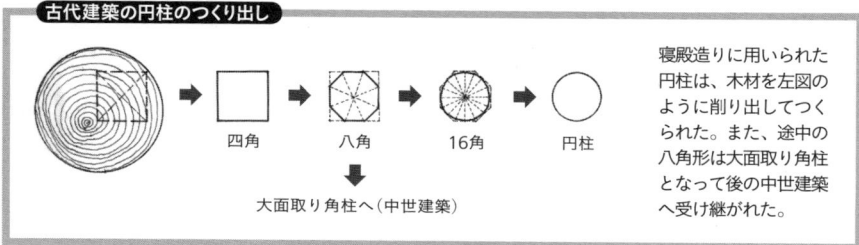

建物を支える技術
基礎

伝統的な基礎3タイプ

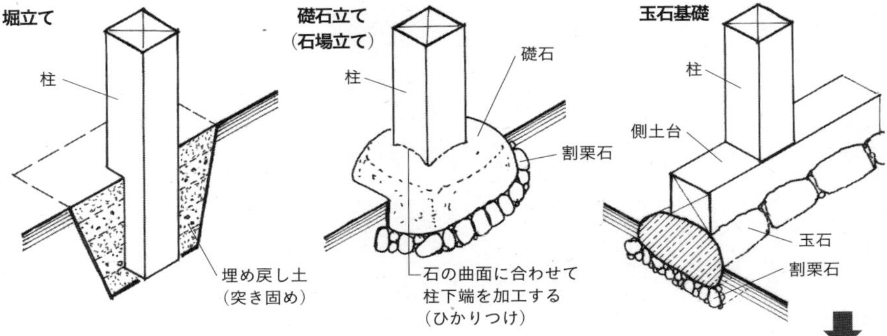

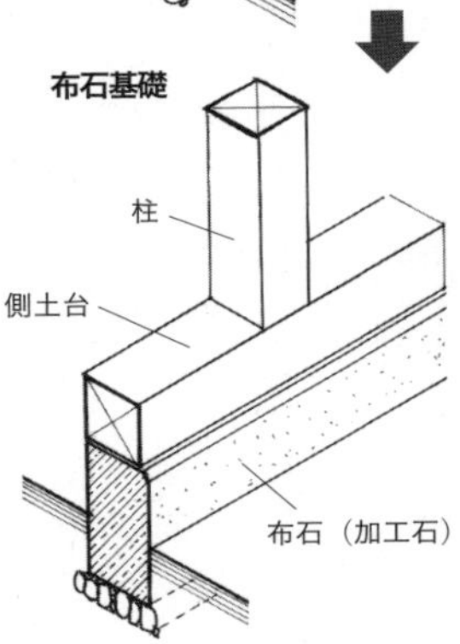

3·SET 掘立《ほった》て・礎石立《そせきだ》て・玉石《たまいし》基礎

掘立柱は柱脚を地中に埋めて自立させる簡単な工法だったのですが、腐朽《ふきゅう》するために長持ちしない欠点がありました。民家では中世まで用いられたようです。その後、礎石の上に直接柱を立てる礎石立て（石場立《いしばだ》て）方式が一般的になり、江戸末には外周部だけは石の基礎の上に土台を敷いた「側土台《がわどだい》」が普及しました。

現代の基礎

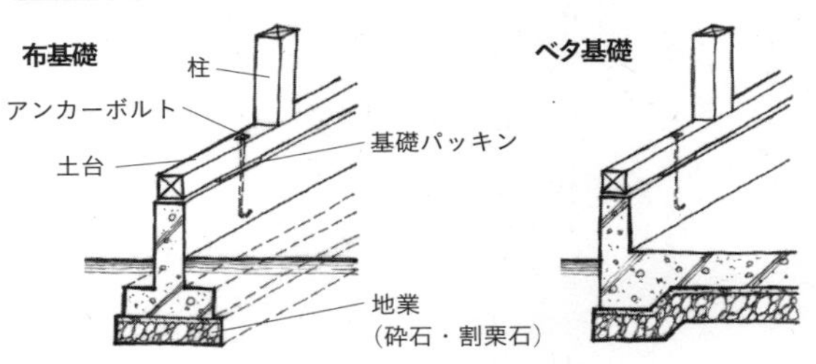

現在の住宅基礎は鉄筋コンクリート造で、アンカーボルトを用いて土台と基礎を緊結する。基礎形式は土台下に布基礎をまわす方法と、底版をもつベタ基礎があり、地盤強度などにより選択される。

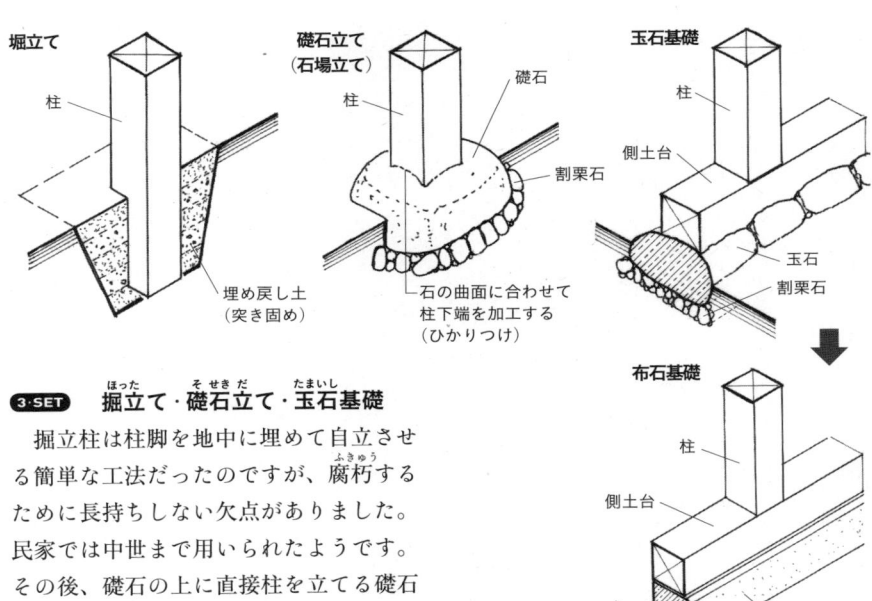

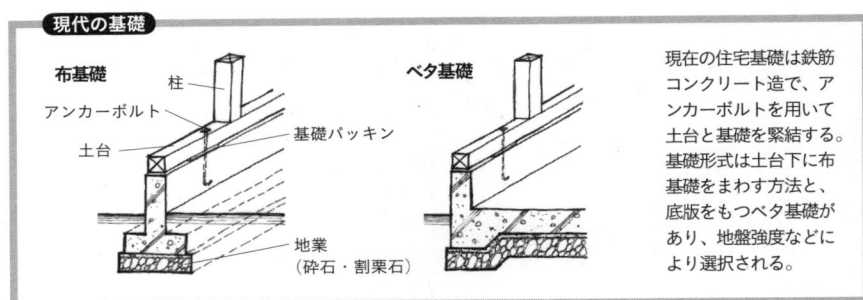

太い柱の大きな屋根，架構の見える住宅を

古民家を見ていると、かるく百年ぐらいは持つだろうと自然に思えてくるから不思議です。もちろん傷みも出てきますし手入れは必要ですが、それでも百年は持つと素直に思えてしまう説得力があるのです。結論を簡単に言ってしまえば、構造体である木組が見えていて、太い柱と大きな屋根に守られている安心感によるものだと思います。

ただ、古い民家に住んできた方は、必ず「寒い、暗い、汚い」と言います。それはやむをえないことです。作業場であり、馬屋もあり、火を焚《た》き続けた生活で、家族団欒《だんらん》や住み心地などは考えられない時代の建物だったのです。

スマートな住宅が好まれる今の時代に逆行しているようですが、日本の木構造方式では、あまり部材を切り詰めてしまうと不安です。木材は1本ずつ性質が異なっていて、その強度も違います。なかには弱い木材も含まれます。少しぐらいは太めが安心です。

普通に、大工さんがつくった木組がそのまま見える、少し太い柱の大きな屋根の家がつくれれば、現代でも十分に長持ちは可能です。もちろん、風通しがよく、断熱も効いていて、適度に気密性があれば快適です。問題は、間取りです。これも民家に学び、個室にこだわらない、どうにでもなるようなプランにしておけばよいのですが、いかがでしょうか？

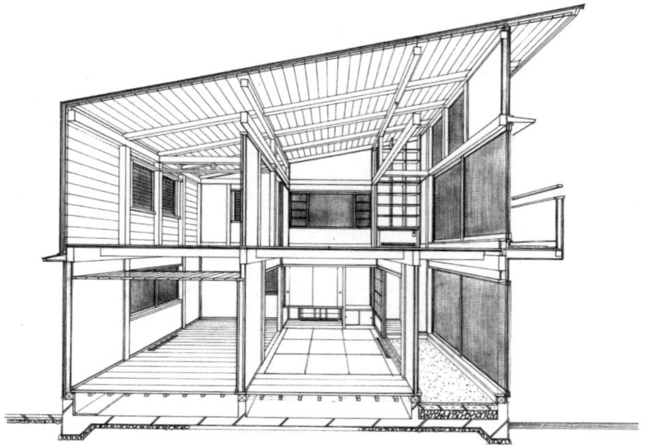

F邸　神奈川県鎌倉

③ 座敷

Zashiki: A Japanese Room

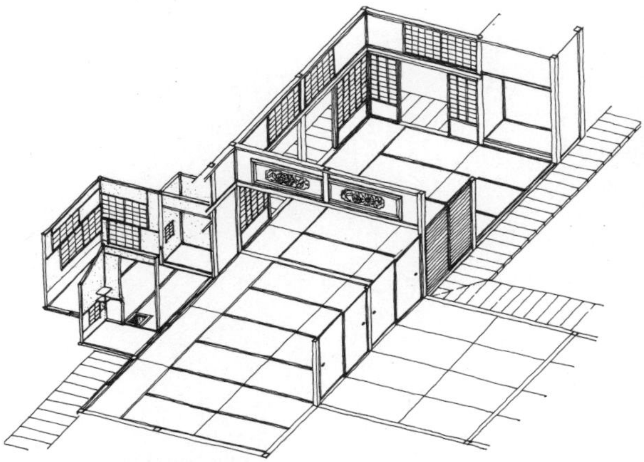

三室戸寺旧金蔵院客殿想像図（三溪園月華殿）

日本の座敷は続き間が基本!
座敷のなりたち

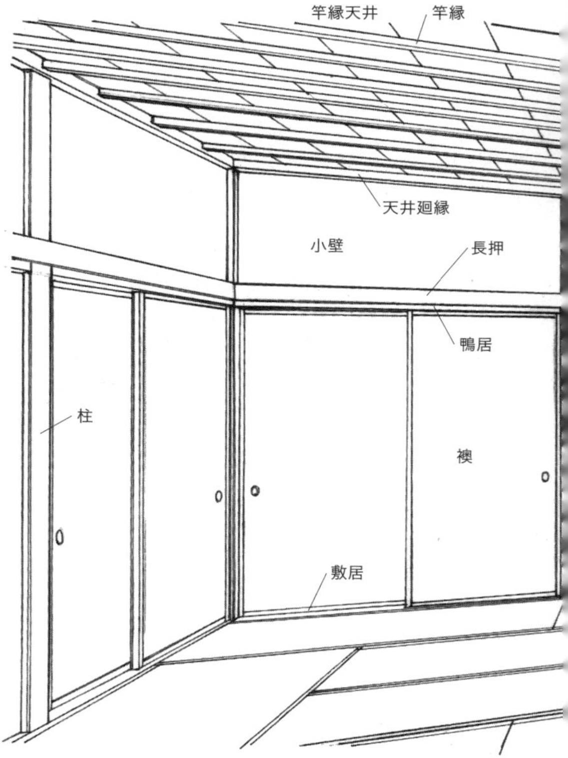

3·SET 畳《たたみ》・仕切り・床《とこ》

座敷《ざしき》を構成する要素は、「畳」と「仕切り装置」と「床《とこ》(床の間)」です。畳を敷き詰めた部屋が座敷であり、現代では和室と呼ばれています。

寝殿造りは高床《たかゆか》板張りで、畳は座具兼ベッドとして、必要に応じて移動されました。中世の武家住宅や寺院では人が座る場所にだけ畳が敷かれる「追回《おいまわ》し方式」でしたが、室町時代には、畳を敷き詰めた小さな部屋がつくられました。

近世書院造りでは広間もすべて畳敷きとなり、畳寸法を基準とした「畳割内法《たたみわりうちのり》制《せい》」が考案されました。「柱間《はしらま》心々制《しんしんせい》」にくらべプランニングは煩雑ですが、建具、造作、畳などが規格化され、部材や部品の転用が容易で合理的でした。

部屋は柱間をスライドする建具で仕切られ、「続《つづ》き間《ま》」がつくられるようになりました。また、主従、上下関係を示す装置として、床《とこ》(床の間)が設けられました。

座敷が普及すると「間取《まど》り」の方式も日本人の生活に定着しました。畳の寸法を基準にしたグリッドシステムで、柱位置と間仕切りだけで設計できる、簡便な方法です。間取りさえ決まれば家は建てられるという、日本特有の建設方法として、今日まで受け継がれてきました。

名称解説

床(とこ)=座敷を飾る中心となる装置。広い座敷では、棚、書院と3点セットで用いられることがある。一般に床の間(とこのま)とも呼ぶ。

床柱(とこばしら)=床を特徴づける柱。座敷の他の柱とは異なる樹種や丸太、銘木が多い。

床框(とこがまち)=床の下部に配置する部材。座敷のデザインによって漆塗りの框、太鼓落しの丸太、竹など多様な樹種、仕上げが用いられる。

床畳(とこだたみ)=床の下部に敷き込む畳。畳表だけの薄縁(うすべり)を入れることもある。

落掛け(おとしがけ)=床の上部、小壁下端の見切り材。おもに桐材や杉材が使われている。一般に座敷の長押、鴨居の高さより上の位置に取り付ける。

続《つづ》き間《ま》の例

主室に床（床の間）を配し、床脇に棚と付書院を備えるのが基本。次の間との境を襖と欄間で仕切る。襖を引き、あるいは外すことで二間は広い一室となる。

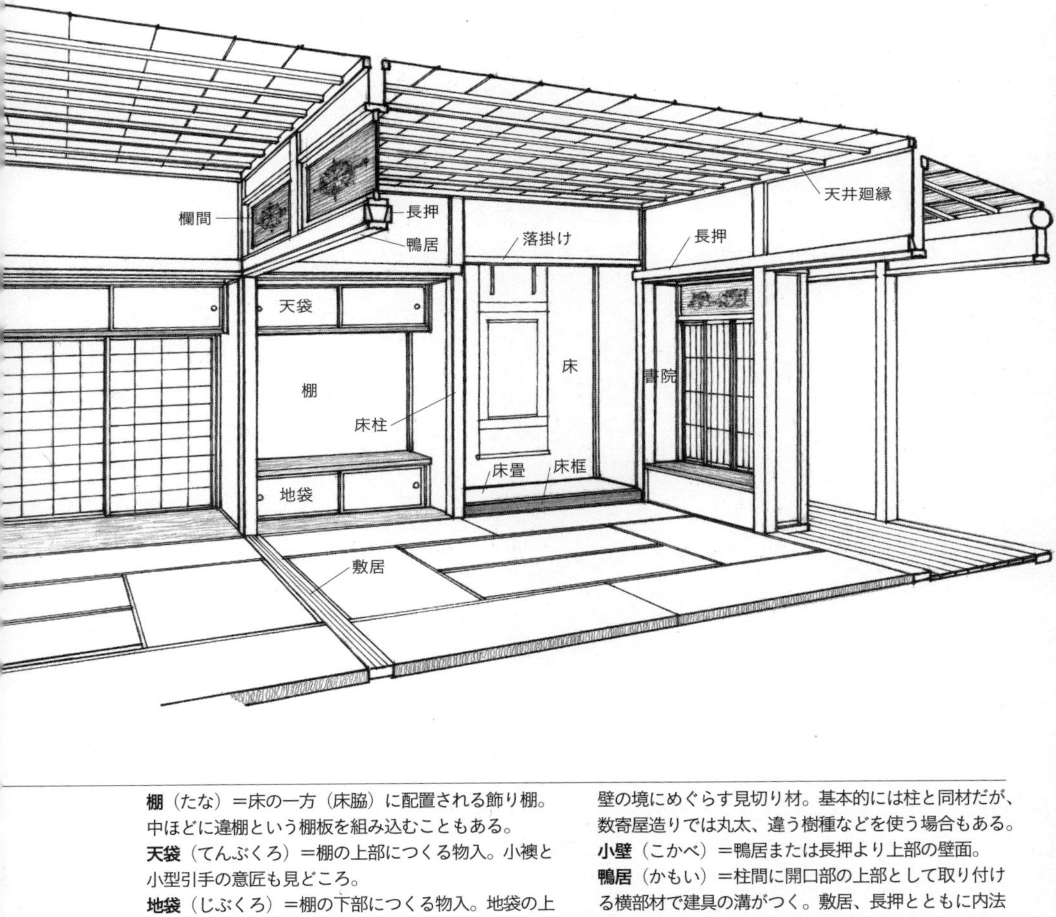

棚（たな）＝床の一方（床脇）に配置される飾り棚。中ほどに違棚という棚板を組み込むこともある。

天袋（てんぶくろ）＝棚の上部につくる物入。小襖と小型引手の意匠も見どころ。

地袋（じぶくろ）＝棚の下部につくる物入。地袋の上部は板を敷き、飾付けの場所になる。

書院（しょいん）＝付書院（つけしょいん）ともいう。座敷を飾る装置の一つ。文机を造付けにしたような装置で、文房具類を飾ることが多い。奥行のないものを平書院（ひらしょいん）と呼ぶ。

竿縁天井（さおぶちてんじょう）＝天井の張り方の一種。掛け渡した竿縁に天井板が乗り、裏側から吊る。

天井廻縁（てんじょうまわりぶち）＝座敷の天井と小壁の境にめぐらす見切り材。基本的には柱と同材だが、数寄屋造りでは丸太、違う樹種などを使う場合もある。

小壁（こかべ）＝鴨居または長押より上部の壁面。

鴨居（かもい）＝柱間に開口部の上部として取り付ける横部材で建具の溝がつく。敷居、長押とともに内法材という。内法は敷居天端から鴨居下端までの寸法。

敷居（しきい）＝柱の間に開口部の下部として取り付ける横部材。

長押（なげし）＝鴨居の少し上にめぐらされる化粧材。古代の住宅では柱を拘束する構造材だった。省略する場合もある。数寄屋造りでは丸太を使うこともある。

欄間（らんま）＝部屋境の小壁に取り付ける装飾板。縦格子の筬欄間や桐板の透彫りなど、デザインは多様。

日本独自のコミュニケーションの場

玄関

玄関《げんかん》

玄関とは玄妙な道に入る関門として、座禅の道に入ることを意味した。転じて禅寺の方丈入口をさすようになる。「沓石・式台・上框」3点の組合せ。土間上の座敷を玄関と呼ぶこともある。

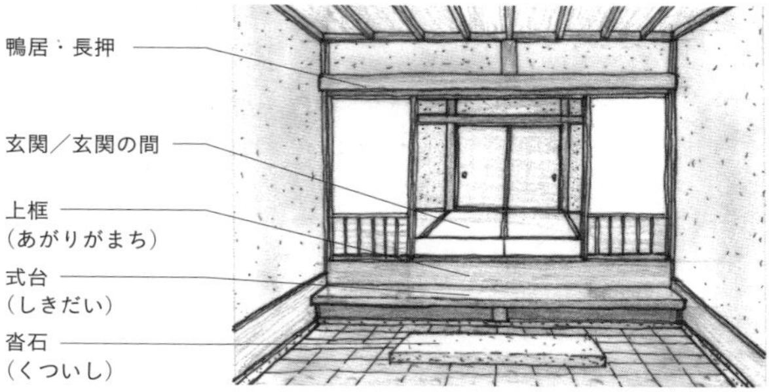

式台《しきだい》

江戸時代の武家儀礼と駕籠を使用することからつくられた出入口の形。格式の表現でもあり、庶民には禁止された。「式台・踏段・敷居」の3段構成である。

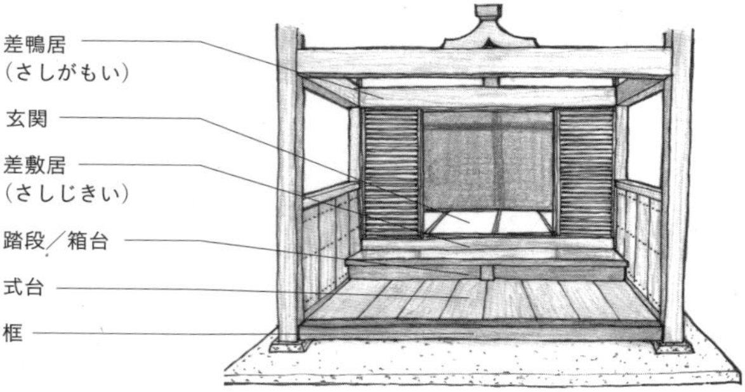

古くは中門《ちゅうもん》と呼ばれる廊下の先端が出入に使われていました。また、乗物が牛《ぎっ》車《しゃ》や輿《こし》の時代には「車寄《くるまよ》せ」が出入口でした。江戸時代の接客様式と乗物の変化により、新たな出入口が出現しました。武家住宅の格式を表わした「式台《しきだい》」で、新しい乗物であった駕籠《かご》が横付けできる二間《にけん》幅が必要でした。式台は客と主人が両側に座り、挨拶《あいさつ》をするための場所です。格式と儀式のための施設は、駕籠を使う階層の消滅とともに消えました。

今日の玄関に似た小さく土間を区画した出入口は、江戸時代後期の中・下級武士住宅の「寄附《よりつき》」がもとであったといわれます。町家にも同じ形が使われ、明治には農家にも普及し、名称も「玄関」と呼ばれるようになりました。玄関は靴を脱ぐだけの場所ではなく、来客とのコミュニケーションの場にもなる日本特有の空間なのです。

内と外を結ぶスペース
縁

縁《えん》の3タイプ

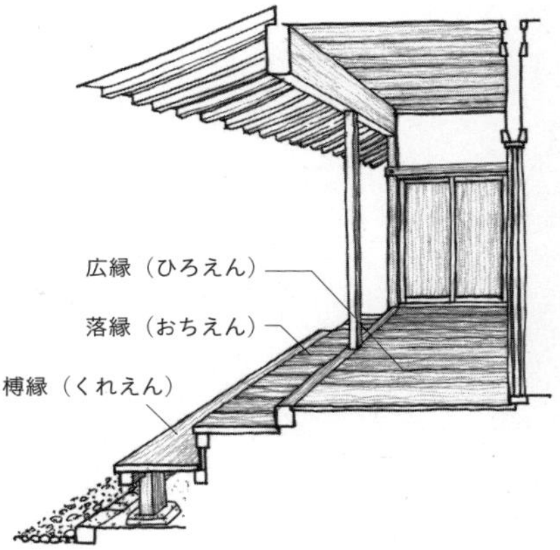

縁
典型的な広縁。「広縁・落縁・榑縁」の3段がセットになる。

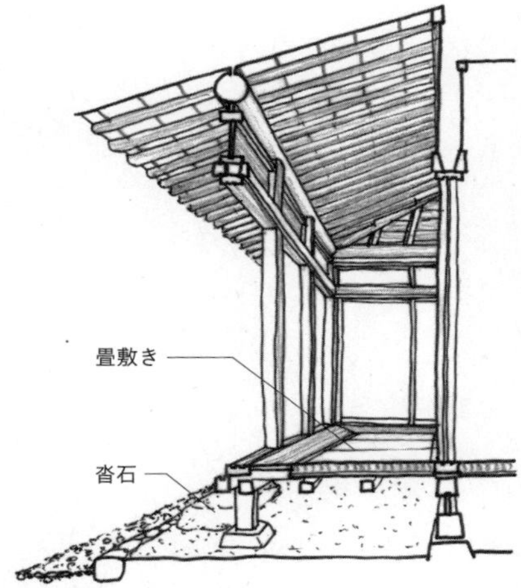

入側・入側縁（いりかわえん）
畳を敷いた縁を入側縁または縁座敷という。

建物の内側にあるものと外側につくものがあり、内側で板張りが「広縁《ひろえん》」、畳敷きが「入側《いりかわ》」です。外にあるものは「濡縁《ぬれえん》」といいます。軒庇《のきびさし》によって夏の直射光を遮り、風を通します。冬は日向《ひなた》をつくります。高温多湿多雨のモンスーン気候での環境調整装置として、最良のものだと思います。縁のない座敷を想像すると、まったく味気のないものです。庭との一体感も失われてしまいます。

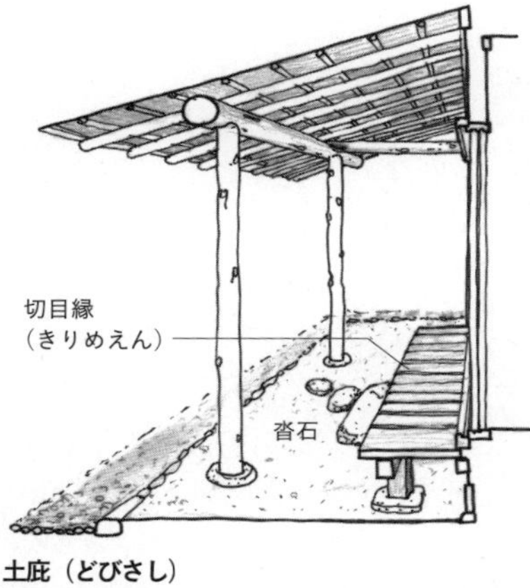

土庇（どびさし）
建物の外側へさしかけ、土間を覆っただけの庇。数寄屋造りに多い。

座敷のルールは畳で決まる
畳

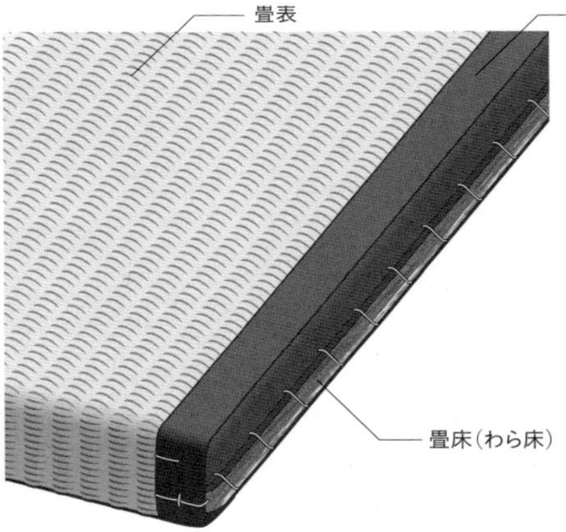

畳の構成

畳床に畳表をかぶせて框（短辺部分）を縫い、畳縁を両側に縫い付けてつくられる。

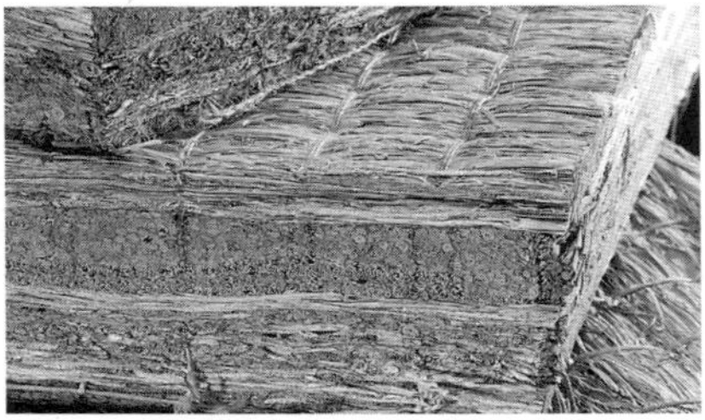

畳床　稲わら床。わらを縦横に交差させて重ね、圧縮したもの。6層、7層構成で重量がある。

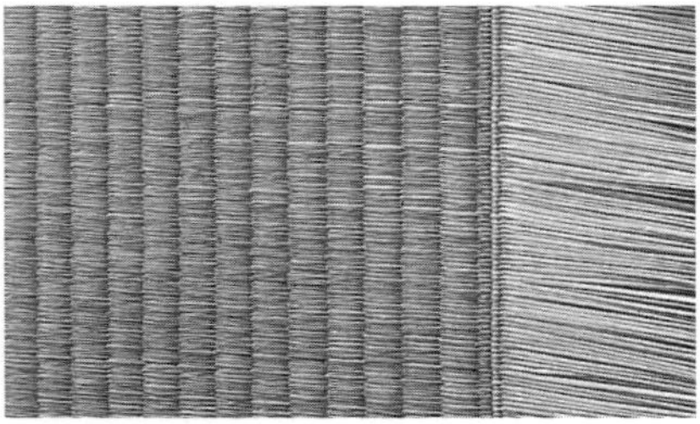

畳表　経糸に麻や綿糸などを用いて、イグサを織ったもの。畳の目の内部に経糸が通っている。

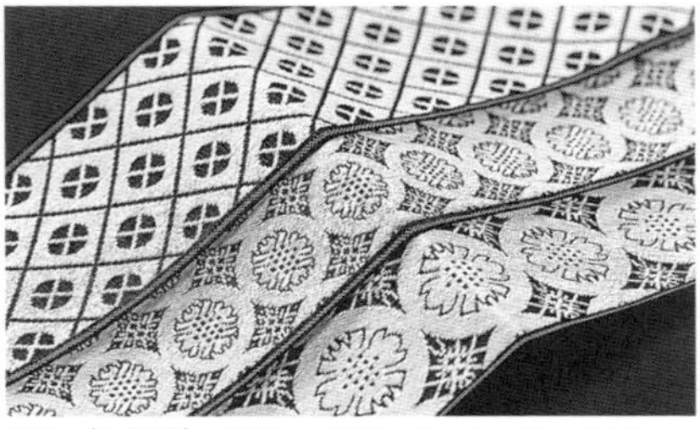

畳縁（高麗縁）　紋縁の典型。下から大紋、中紋、小紋。身分や用途により使える紋が決まっていた。

3·SET　畳床《たたみどこ》・畳表《たたみおもて》・畳縁《たたみべり》

畳は「畳床・畳表・畳縁」でつくられます。畳床は稲わらを何層にも重ねて圧縮したもので、固すぎずやわらかすぎない、独特の踏み心地がつくられます。

畳床をくるんでいるのが畳表です。素材はイグサです。おだやかな緑色や香り、肌触りはイグサを泥染めすることで生まれ、これが畳の捨てがたい魅力となっています。また、畳縁は畳表の角を保護し、同時に座敷を引き締める効果もあります。黒縁《くろべり》を基本として、社寺や書院などの格式を表わす部屋には紋縁《もんべり》が用いられてきました。今日では新しい素材を使った畳が多くなっていますが、その原形は簡単には変わりません。畳があるだけで「和風」が生まれます。

畳サイズのちがい

畳の寸法は地域により異なっている。このちがいは基準寸法の取り方によって生じた。畳寸法を基準とする「畳割内法制」は京間、中京間。関東間は「柱間心々制」で、柱の心々寸法を3尺、6尺としている。面積で見ると関東間は京間の85%ほどになる。

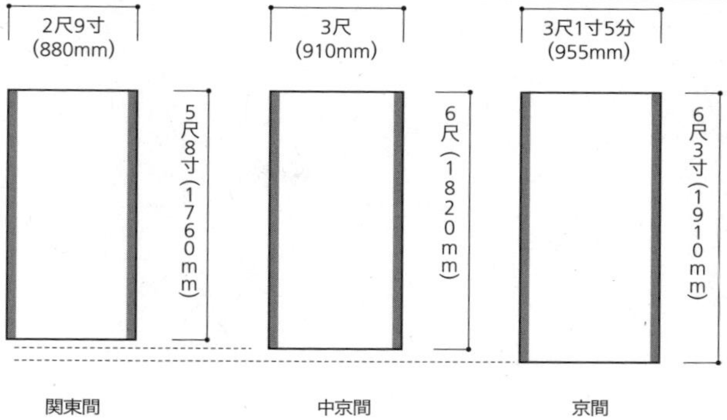

畳の敷き方

畳は隣り合う畳縁がT形になるように敷くのが一般的である。平行に敷き並べてもよいが、畳の四隅が十字形に出合う部分を隙間なくきれいに納めるのは畳職人にとってむずしいという事情もある。しかし、大広間では平行に敷くのが視覚的にも自然である。

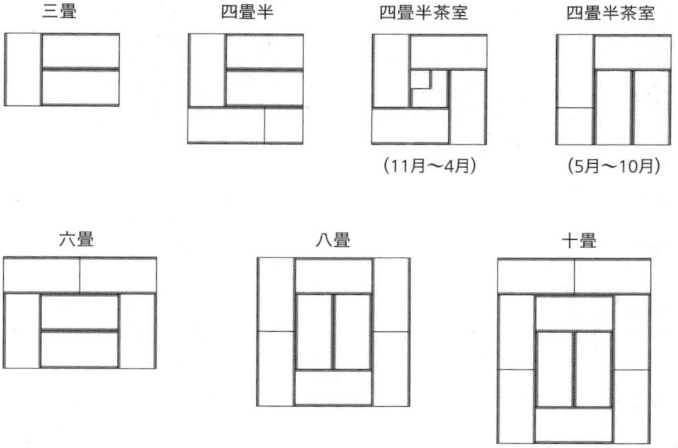

畳の用い方の変遷

平安時代には畳はベッド、座具として使われた。寝殿の母屋中央の御座所には二畳の厚畳（あつじょう）を置き、中央に茵（しとね）と呼ばれるゴザのような敷物を敷いて座った。中世住宅では人が座る場所にだけ畳を敷くようになった。板の間周囲にのみ敷き込む方式を追回しという。室町時代に小さな部屋に畳を敷き詰めるようになり、これを座敷と呼び、次第に広い部屋も畳敷きとなる。

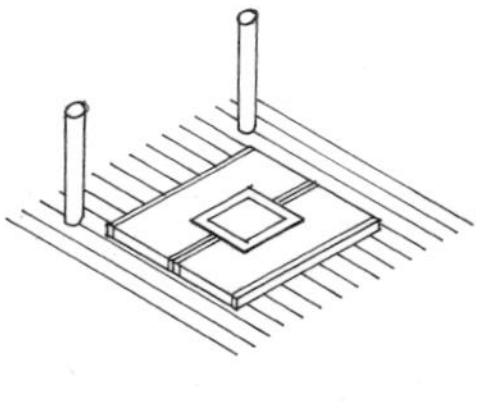
平安時代―厚畳

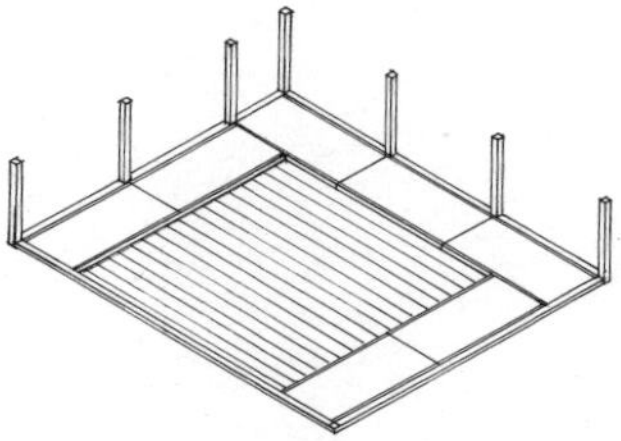
鎌倉時代―追回し

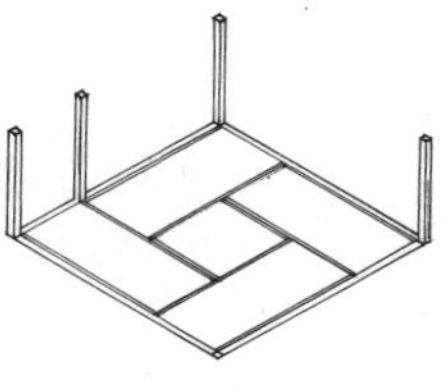
室町時代―敷詰め

日本の壁は紙と土

張付け壁・土壁

張《はり》付《つ》け壁の構造

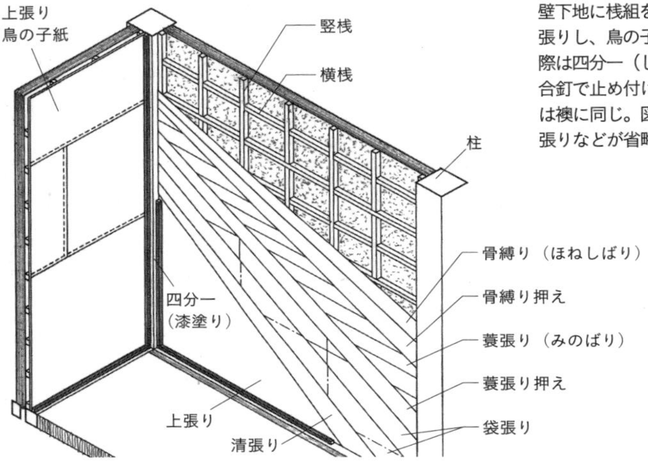

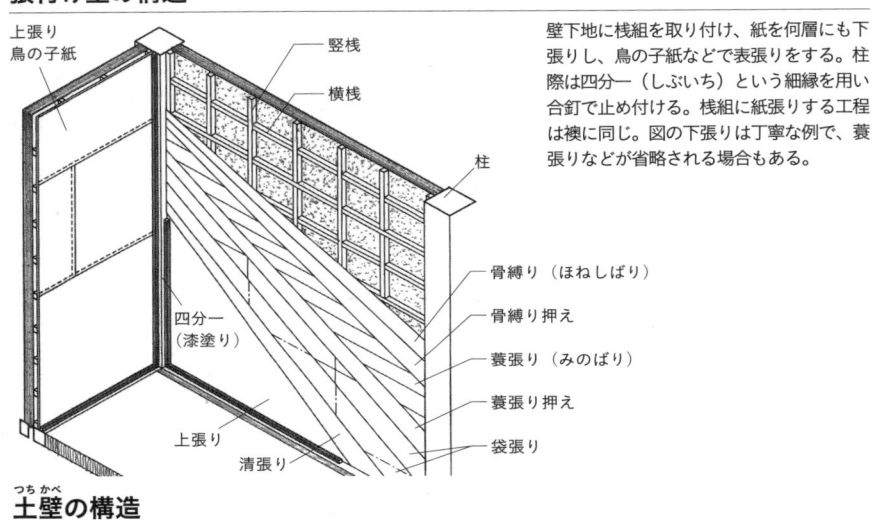

壁下地に桟組を取り付け、紙を何層にも下張りし、鳥の子紙などで表張りをする。柱際は四分一（しぶいち）という細縁を用い合釘で止め付ける。桟組に紙張りする工程は襖に同じ。図の下張りは丁寧な例で、蓑張りなどが省略される場合もある。

土《つち》壁《かべ》の構造

柱が現われた壁を真壁（しんかべ）、内部に柱が隠れた壁を大壁（おおかべ）という。丁寧な仕事では荒壁から仕上げまで何層も重ねる。漆喰壁も下塗りは土壁である。

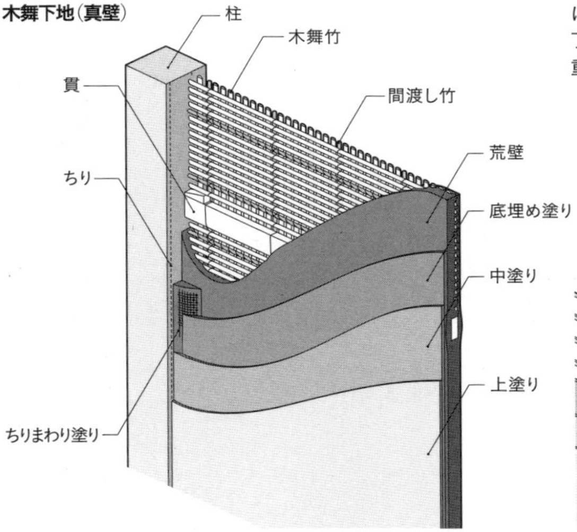

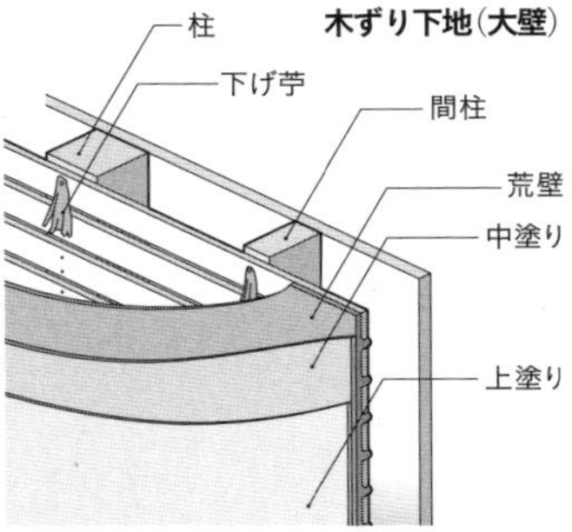

張付け壁、土壁、漆喰壁を用いた例

絵を描いた張付け壁　張付け壁には絵が描かれることが多い。襖と張付け壁に連続して描かれる場合もある。写真は床（とこ）と床脇を張付け壁とし、彩色画を描いた例。三溪園臨春閣楽器の間。重要文化財。

民家にも塗られた漆喰　漆喰仕上げが急激に広まったのは戦国時代の城郭建築、とくに天守閣の建設ラッシュから。同時に漆喰に使う糊料が米糊から安価な海草糊になったことも要因。塗屋造りの町家が出現し、後には上層農家にも使われた。写真は大正時代に建てられた石谷家住宅（鳥取県智頭町）。登録有形文化財。

座敷の聚楽土壁　聚楽（じゅらく）は京都で生まれた土壁仕上げで、左官仕上げの代名詞ともなっている。飽きのこない落ち着いた褐色と繊細な仕上げが特徴。写真は瀬川邸（東京都）。登録有形文化財。

3·SET　土《つち》・漆喰《しっくい》・張付《はりつ》け

塗壁の下地を木や竹で組むことを、木《こ》舞《まい》を掻《か》くといいます。そこに土（粘土）を塗り付けて壁下地をつくります。仕上げには漆喰《しっくい》、また一般に聚楽《じゅらく》と呼ばれる色土《いろつち》などを用います。粒揃いの色砂を使った砂壁《すなかべ》もあります。土壁が洗練された仕上げになったのは、茶室をつくった数《す》寄者《きしゃ》（茶人）の影響でした。

漆喰は消石灰を原料とし、緻密《ちみつ》で硬度のある白色の壁ができます。古くから白壁は権威と格式の表現だったのです。

より高貴さを表わす室内壁に張付《はりつ》け壁があります。襖《ふすま》と同じように桟組をし紙を張り上げ、四周を漆塗りの細縁（四分一／しぶいち）で止め付けます。

敷居・鴨居・長押の組合せ
造作／内法材

内法材《うちのりざい》の構成3タイプ

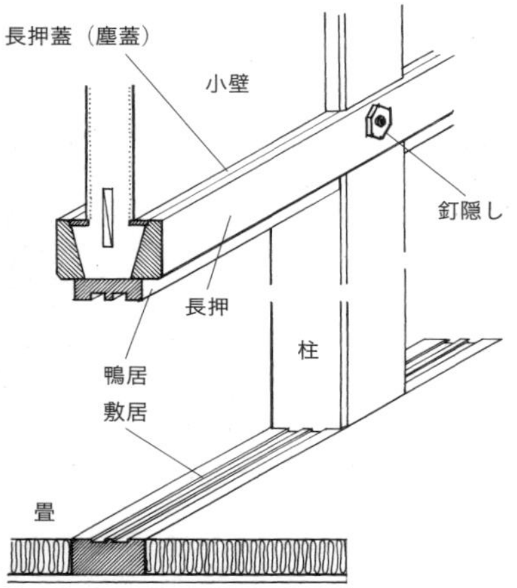

真の例／長押がつく

真の造りには、オーソドックスに木割に順じた寸法の長押を取り付ける。釘隠しは装飾である。

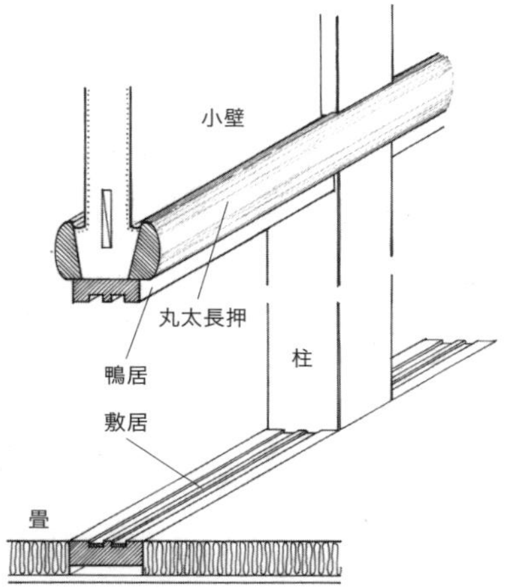

行の例／丸太長押がつく

少しやわらいだ表情を醸し出すために、長押に磨き丸太や面皮材を用いる。手間のかかる仕事である。

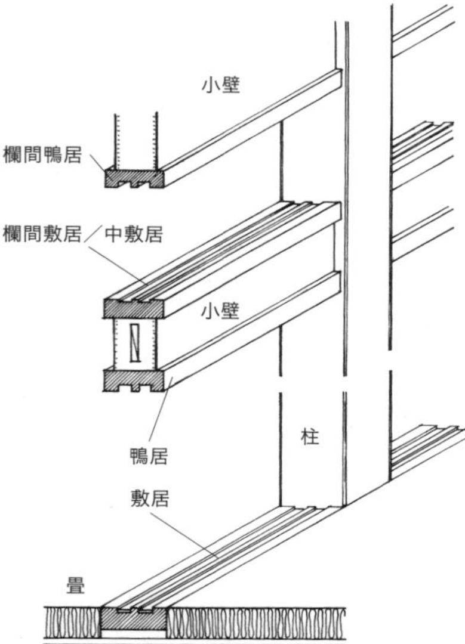

草の例／長押なし・欄間つき

草の座敷では長押を省略する。欄間をつける場合には鴨居と欄間敷居の間の小壁内に力貫を入れて補う。

長押《なげし》の取付け3タイプ

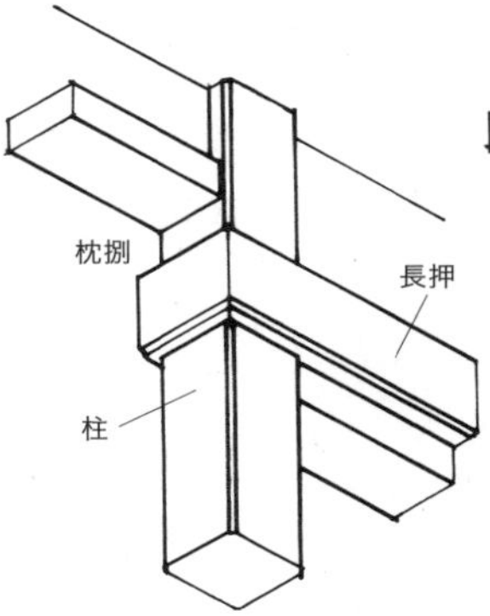

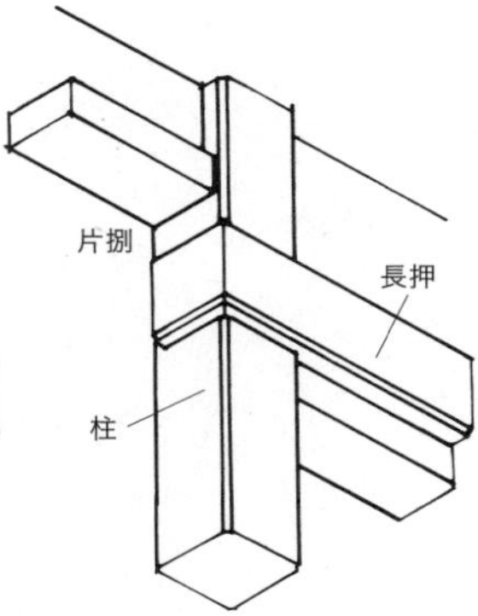

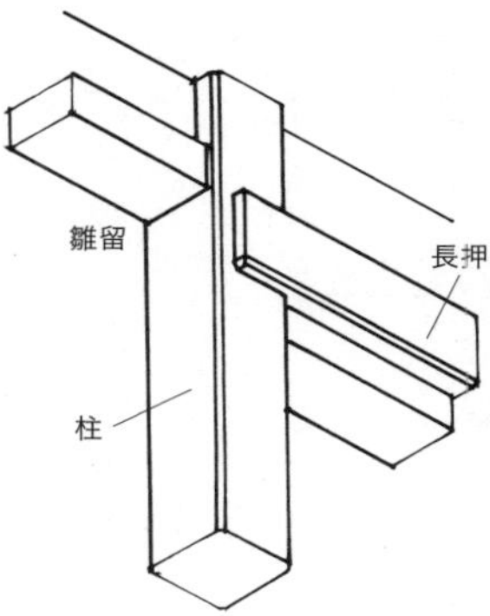

枕捌（まくらさばき）
古式な長押捌。巻裏捌ともいう。柱の裏まで長押をまわす。真の形。

片捌（かたさばき）
柱の正面と見込面の二面に長押をまわしたもの。行の形。

雛留（ひなどめ）
柱正面だけに取り付けるもの。柱への掛かりには諸説ある。草の形。

3·SET 敷居《しきい》・鴨居《かもい》・長押《なげし》

座敷の内法造作材《うちのりぞうさくざい》は敷居・鴨居・長押だけです。単純なものであればこそ、工匠の技術が垣間《かいま》見え、細やかな配慮がなされてきました。古式の敷居は畳と同じ厚みで、床板にそのまま乗っていました。現在は薄くつくります。また、敷居溝《みぞ》の摩滅《まめつ》を防ぐ堅木《かたぎ》の埋木《うめき》を埋樫《うめがし》といいます。

鴨居が現在のような形になるのは、溝《みぞ》突鉋《つきがんな》がつくられるようになってからで、それまでは付樋端《つけひばた》と呼ぶ部材を鴨居下面に取り付けるものでした。

長押は本来、柱を拘束《こうそく》する構造材で、柱面に釘で固定されました。その釘を隠すための金物が「釘隠《くぎかく》し」と呼ぶ錺《かざり》金物です。後には構造的な役割はなくなりました。長押を変え、また省略することで、真行草《しんぎょうそう》それぞれの表現になります。

面取り角柱と鴨居の納まり

座敷の面取り角柱に鴨居などが取り付く部分には、図のような納まりがある。左は柱の面中央で鴨居を突き付け、隙間なく納めた高度な技法で面中（めんなか）と呼ぶ納まり。右は面より内側に鴨居を取り付ける面内（めんうち）という納まり。面中よりも施工しやすい。

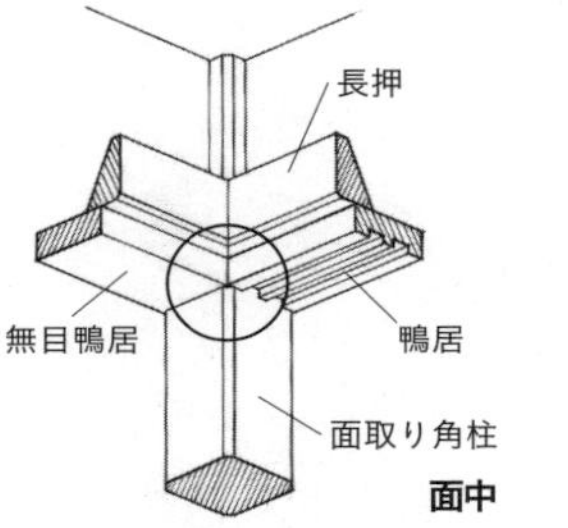

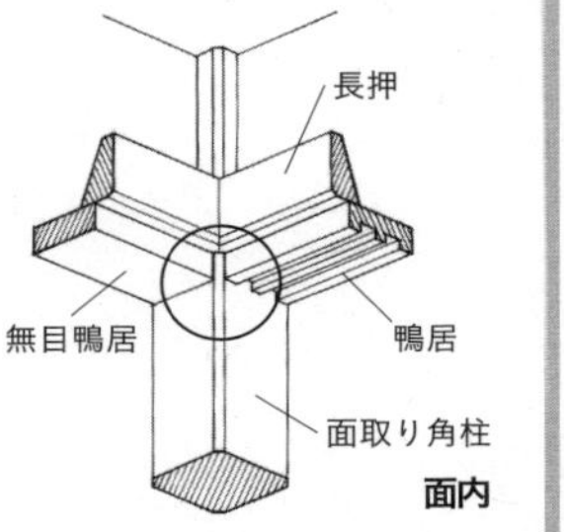

構造から離れ，自由なデザイン

造作／天井

天井の形式3タイプ

格天井（ごうてんじょう）

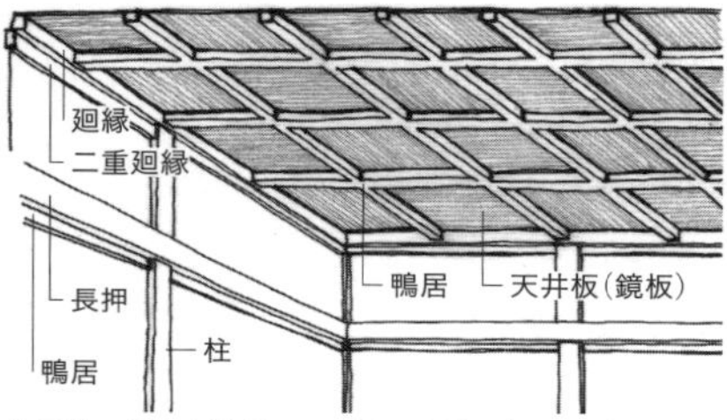

格子状に組んだ格縁、天井板に鏡板（一枚板）を用いる。格式の高さを表わし多様な装飾が施される。

竿縁天井（さおぶちてんじょう）

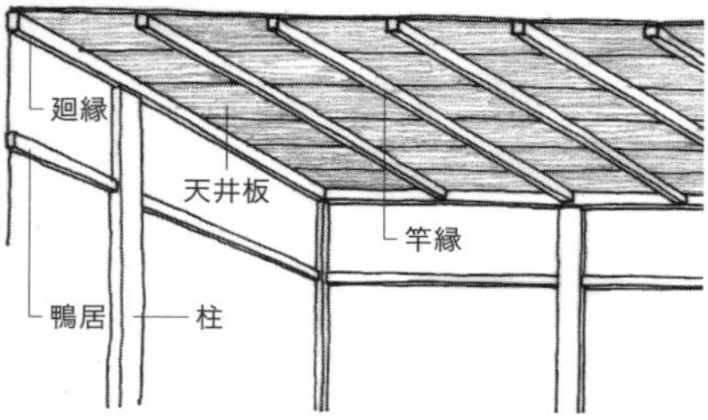

平行に掛け渡した竿縁に、天井板を直交させて載せた形式。日本建築では一般に用いられてきた。

敷目板天井（しきめいたてんじょう）

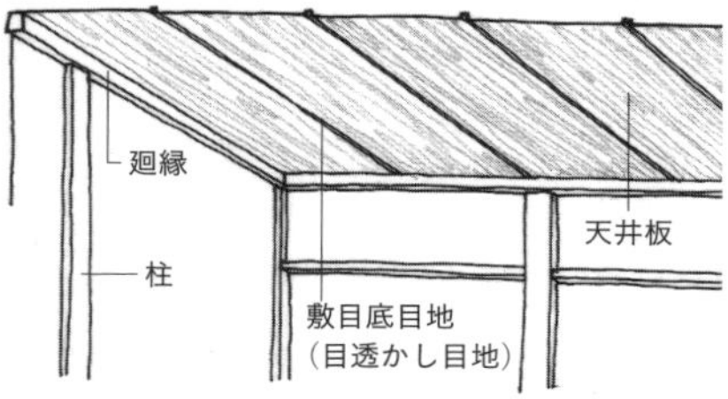

近代以降に考案された簡便な形式。竿縁がなく、天井板の間に目地をとる。天井板に突板を用いた先駆。

天井《てんじょう》の発明は日本建築を大きく変えました。構造部材から完全に分離されたことで、自由なデザインが可能となり、膨大なバリエーションをつくり出しました。なかでも茶室建築が与えた影響は大きなものでした。

農家でも快適な部屋を求め、時代とともに天井を張る部分を増していきました。

格《ごう》天井は格式を表わし、竿縁《さおぶち》天井は一般に用いられます。竿縁と天井板の組合せでたくさんの事例がつくられました。現在は簡便な敷目板《しきめいた》天井が多用されます。

天井のバリエーション

平天井（ひらてんじょう）

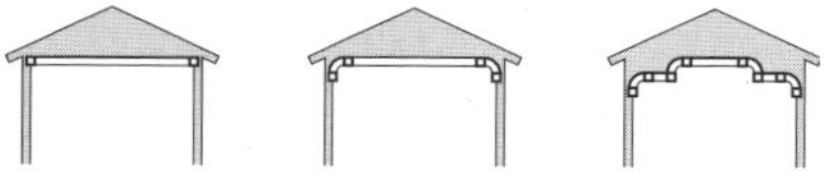

平天井　折上天井　二重折上天井

勾配天井（こうばいてんじょう）

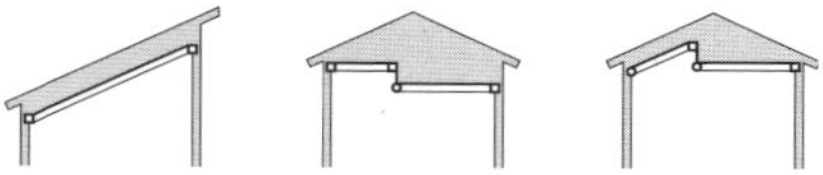

流れ天井　落天井　掛込天井

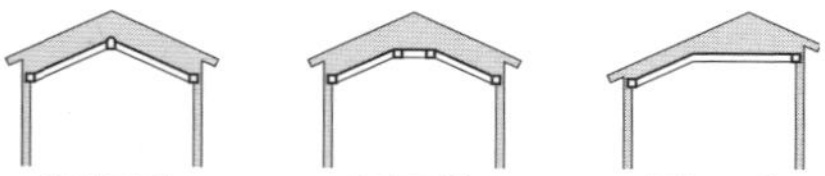

舟底天井　舟底天井　折れ天井

その他

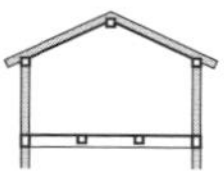

根太天井

根太天井（ねだてんじょう）は天井板を張らず、2階の根太床をそのまま現わしたもの。民家に見られる。

竿《さお》縁《ぶち》形状のバリエーション

竿縁は右図中央の形を基準に、それぞれ縦長のタイプ、扁平なタイプがある。縦長は関東圏でよく見られ、扁平なものは関西圏に多く、地域による好みを表わしている。

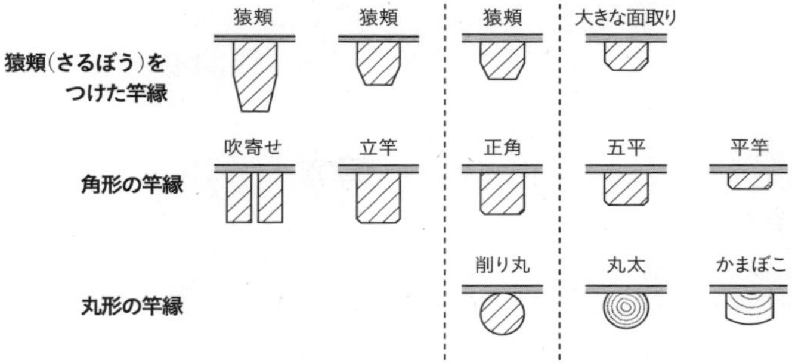

天井廻縁《まわりぶち》の納まり

天井隅の廻縁の納まりは、書院と数寄屋では異なっている。書院では留（とめ）といって、45度に突き合わせる。数寄屋（おもに茶室）では挿回し（さしまわし）といって、時計まわりに組む。茶室の炉縁の組み方なども同じである。

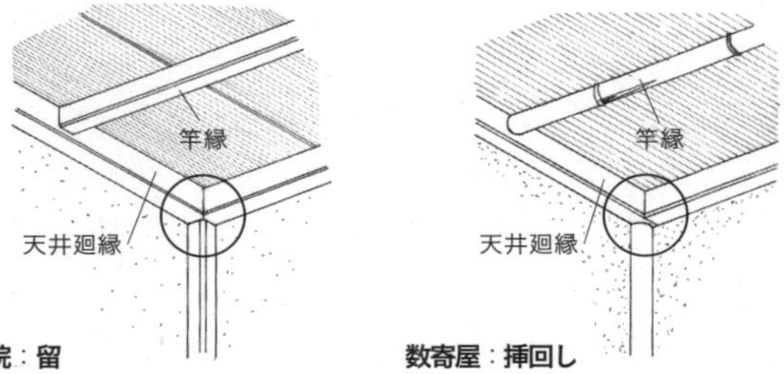

部材のラインを揃える美意識

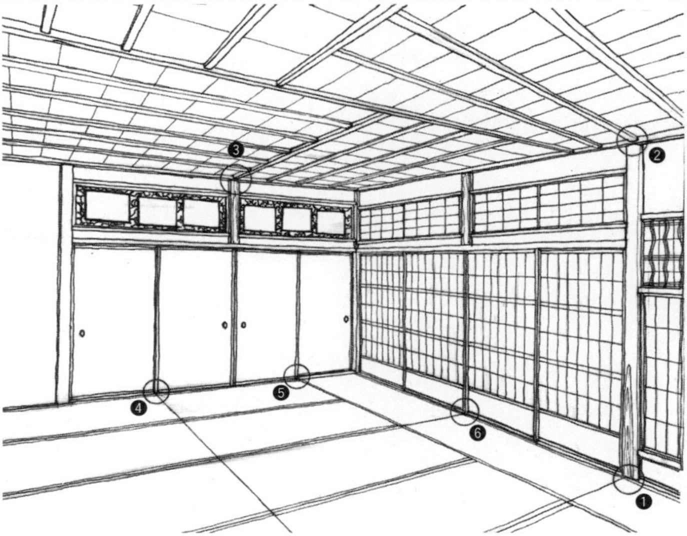

座敷では柱心と畳割りの線を合わせることをはじめ、要所要所のラインを合わせて、部屋全体の雰囲気を整える工夫が重ねられている。三溪園臨春閣「住之江の間」の例。
❶ ❷畳・柱・天井竿縁
❸吊束・天井竿縁
❹ ❺畳・襖の縁
❻畳・障子の竪框

なくてはならない座敷の中心

床（床の間）

押板《おしいた》の例

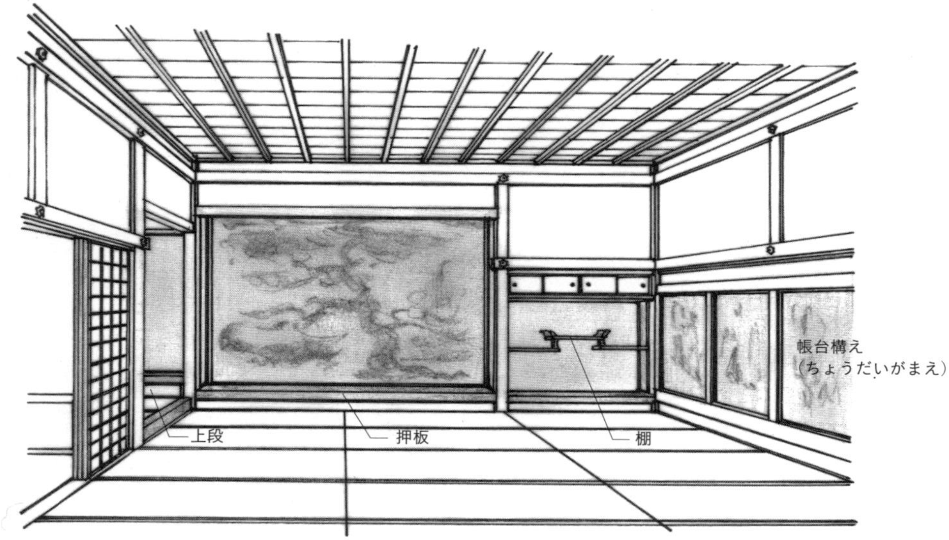

園城寺光浄院客殿
江戸幕府の大棟梁、平内家の秘伝書「匠明」に記された「主殿」の図によく似た建物。式台玄関に変化する前の中門を備えた古風な造り。天井棹縁がいわゆる「床差し」になっているが、古いものにはよく見られる。国宝。

3·SET 床《とこ》・棚《たな》・書院《しょいん》

床（床の間）は、日本の住宅におけるもっともシンボリックな存在です。室町時代、15世紀の初め頃に成立したとされます。当初「押板《おしいた》」と呼ばれ、床《ゆか》面から一段高く据えられ、間口が広く、奥行きが浅い、棚板のようなものでした。この特異な展示スペースがつくられた理由は、13〜14世紀頃の中国、宋と元からの伝来品の多くが軸装であったため、掛軸用に考案されたものといわれます。

押板から今日のような床《とこ》へと変わった時期は、江戸時代の初期とされます。それは草庵風茶室《そうあんふうちゃしつ》（数寄屋）からの影響が大きかったのです。そもそも床（とこ）とは、一段高い床（ゆか）のことでした。その形を茶室に持ち込んだのは、千利休《せんのりきゅう》を中心とした茶人（数寄者）たちでした。帳台構えを例外に「床・棚・書院」が基本の組合せとなりました。

床《とこ》の基本形

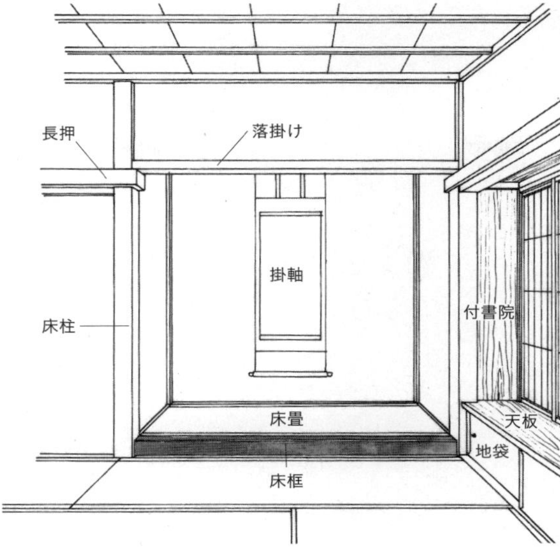

本床（ほんどこ） 床柱、床框、落掛けで構成される形式で、床の基本形である。框床（かまちどこ）とも呼ばれる。

床《とこ》のバリエーション

床のバリエーションは数多い。これらは数寄屋風の床で、さまざまに省略を施している。

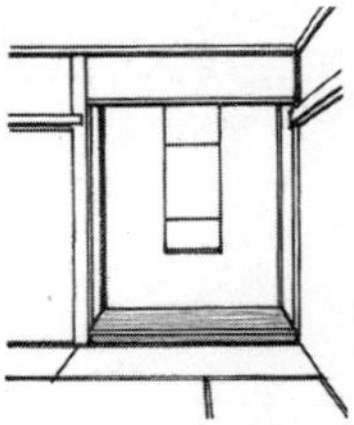

蹴込床（けこみどこ） 床板を一段上げて、床（ゆか）との間に框材を挟む。

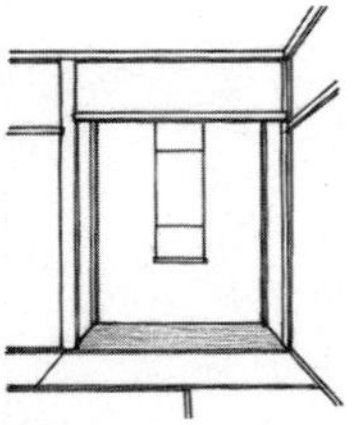

踏込床（ふみこみどこ） 床框・床畳を省略、板を敷き込む。板床とも呼ぶ。

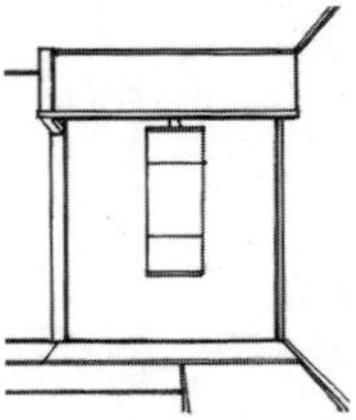

釣床（つりどこ） 床柱、床の下部を省略したもの。

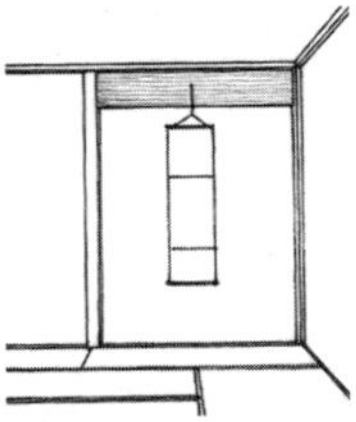

織部床（おりべどこ） 織部板と呼ばれる板だけのもの。もっとも簡略化された床の例。

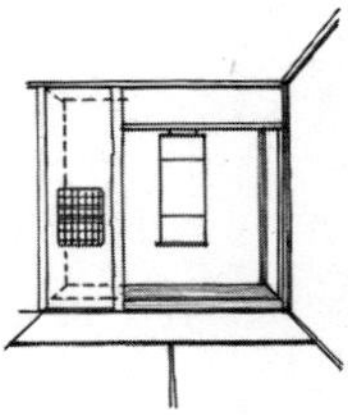

袋床（ふくろどこ） 片側に袖壁をつけ、床内部に袋状のたまりを設けたもの。

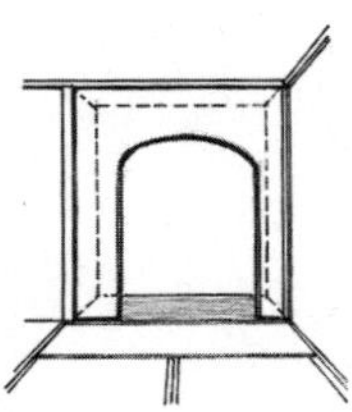

洞床（ほらどこ） 床柱、落掛けを用いず、壁を塗りまわしただけの形。

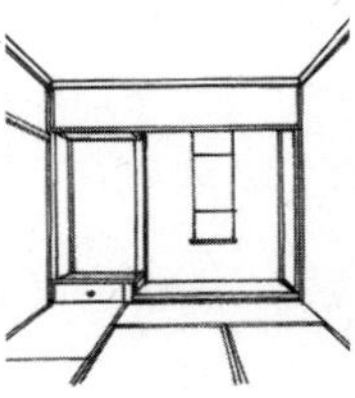

琵琶床（びわどこ） 一方に一段高く琵琶台を設ける。床柱を省略することもある。

材料の組合せで座敷の格や雰囲気をあらわす

床（床の間）の部材

床柱《とこばしら》の種類

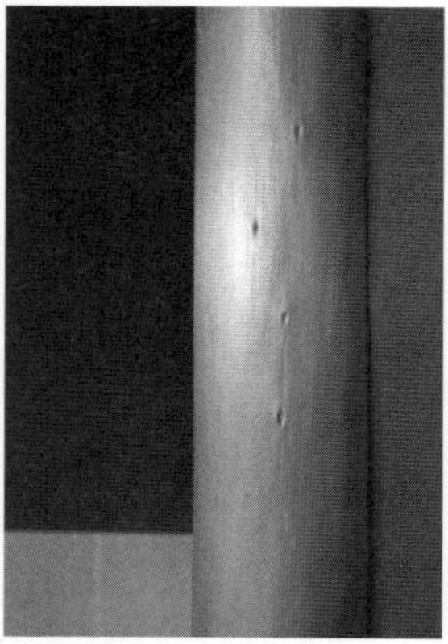

杉磨き丸太　地肌を砂で磨き、滑らかに仕上げたもの。枝跡のくぼみをエクボといい、景色としてとらえる。

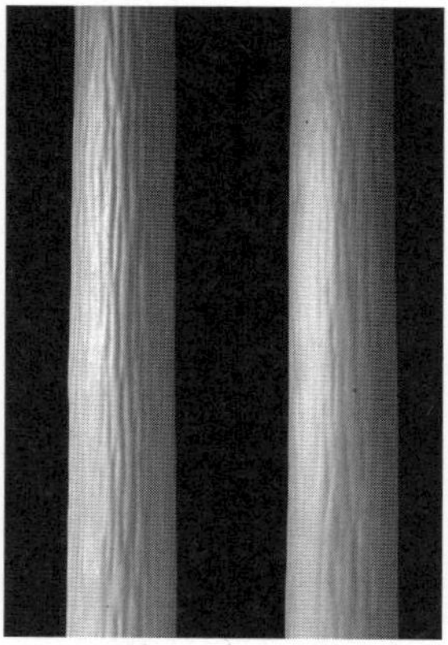

杉絞り丸太　絞りに太細や長短がある。右はやさしい表情の天然絞り。左は添木で絞りをつくり出した人工絞り。

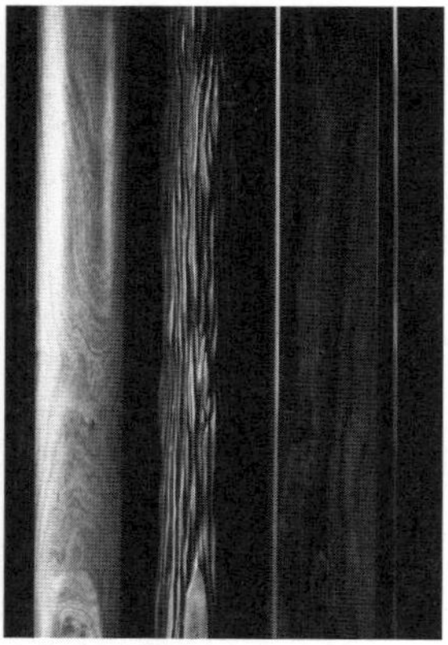

さまざまな銘木　広葉樹のなかでも格調高い銘木。左/花梨の円柱。中/モッコクを彫刻。右/紫檀の面取り角柱。

3·SET　床柱《とこばしら》・床框《とこがまち》（床板）・落掛《おとしが》け

床《とこ》を構成する部材は、「床柱・床框・落掛け」の3点がセットです。床柱には、いわゆる銘木《めいぼく》が多く用いられますが、書院造りでは床柱といわれるような特別な柱ではなく、部屋内《うち》のほかの柱と同じものが使われています。床柱の一本だけが、目立つ柱を用いるようになったことも、草庵風茶室《そうあんふうちゃしつ》（数寄屋）の影響だと思われます。古い数寄屋造りの床柱は、銘木になりきれていません。桂離宮の古書院と中書院、新御殿を比較すると、この間約40年間での変化がわかります。押板《おしいた》の床《とこ》と数寄屋の床《とこ》が混じり合いながら、今日見るような形になっていったのだと思われます。

床《とこ》のつくり方にはさまざまな説があり、また地方による用材やプロポーションの好みがあります。床を設ける部屋の天井の高さやデザインもありますので、典型を決めることは不可能です。一応の目安としては、書院風の格式のある部屋であれば、いわゆる真《しん》のデザインとし、侘《わ》びた茶室であれば草《そう》のデザインにするのが間違いのない方法です。問題はその中間の行《ぎょう》のデザインです。銘木と変木《へんぼく》の奇妙な取合せにならないために、真と草の組合せを避けることが肝心です。

床《とこ》部材の組合せの真行草

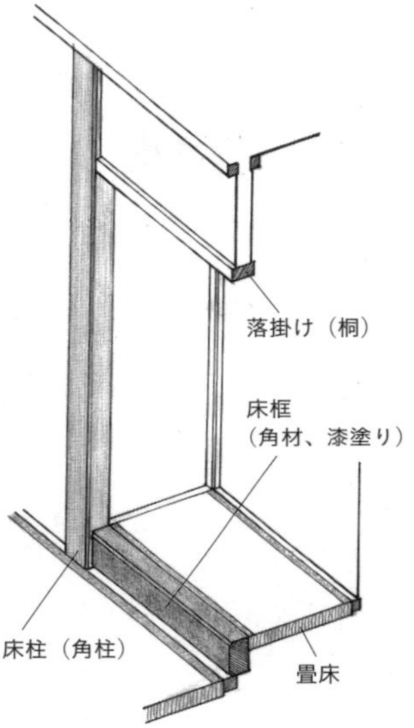

真の例
床柱は角柱。床框は角形の塗框に紋縁付き本畳敷込み。落掛けは桐の角材で見付面は柾目が一般的。

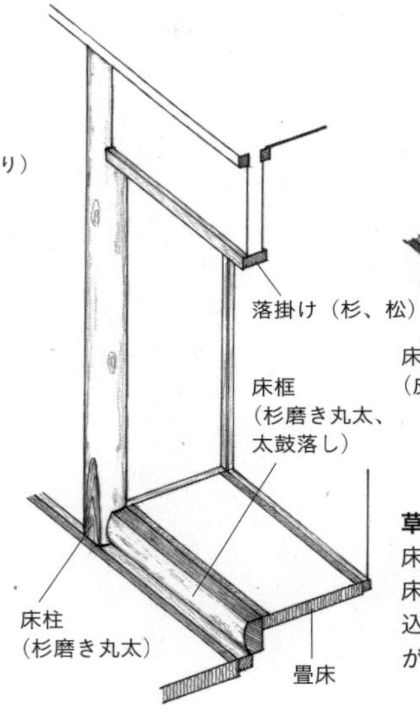

行の例
床柱は磨き丸太や絞り丸太。床框は丸太の太鼓落しなどに畳敷き、または地板敷込み。落掛けは杉材などが目安。

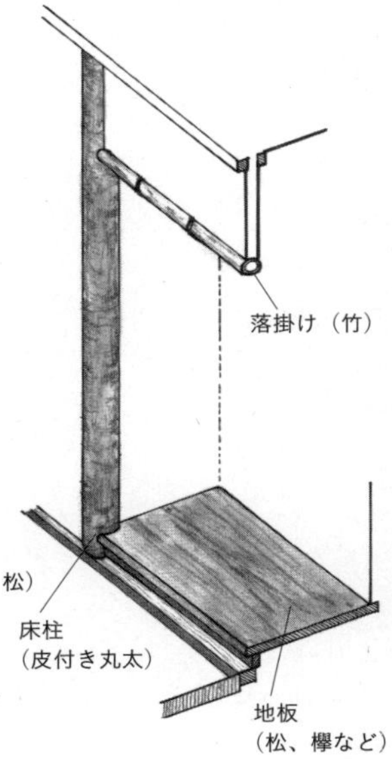

草の例
床柱は皮付き丸太や変木、竹など。床框は省略し地板の敷込みか、蹴込床。落掛けは杉、変木、竹などが目安。

床柱の形状の新旧

数寄屋造りの床柱には丸太が用いられた。丸太は元末で太さが異なるため、納まりと意匠面から面（つら）付けが施されてきた。その傾向に新旧があり、新しくなるに従い、面付けが少なくなっていく。

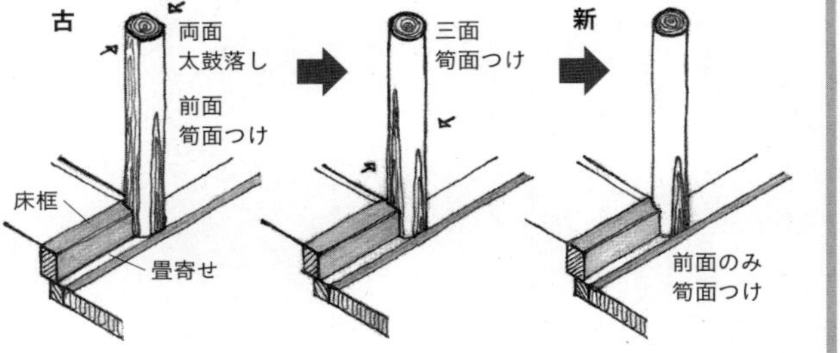

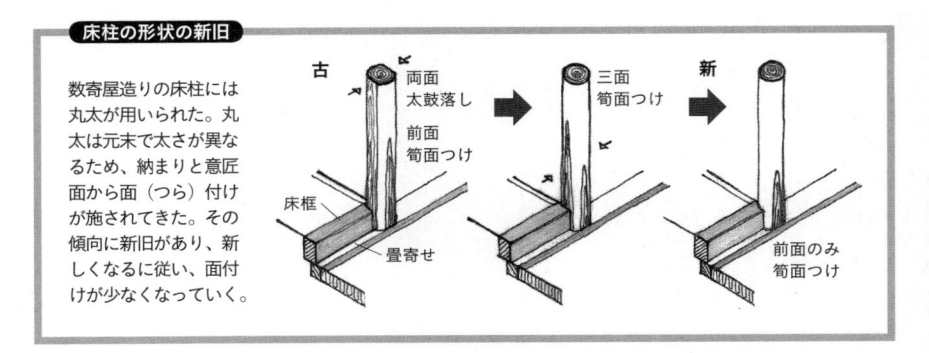

地袋･棚･天袋の組合せ
床脇／棚

棚《たな》のバリエーション

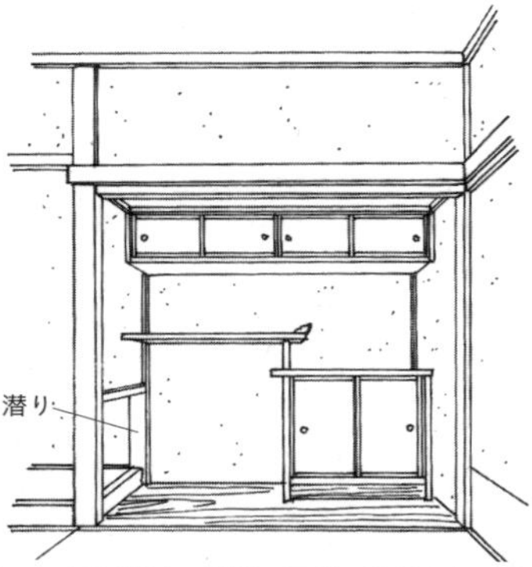

袋棚（ふくろだな） 違棚の下段に地袋を組み合わせた形。床に開けるちん潜りのデザインもバランスをとるのに重要である。

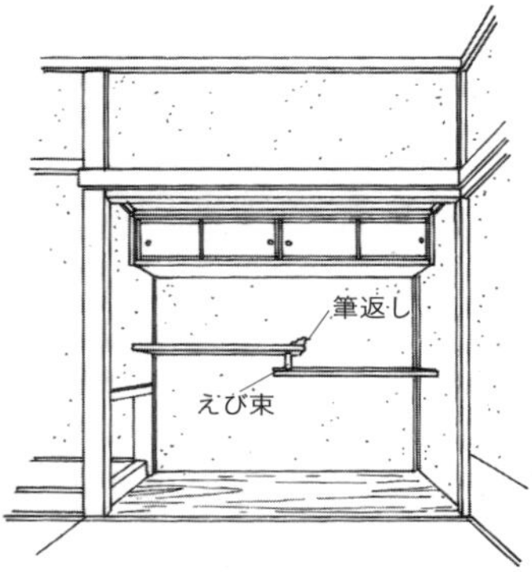

違棚（ちがいだな） 棚の一般的な形。棚板を段違いに設け、えび束でつなぐ。上段の端部には筆返しを設ける。図は違棚に天袋をしつらえた床脇。

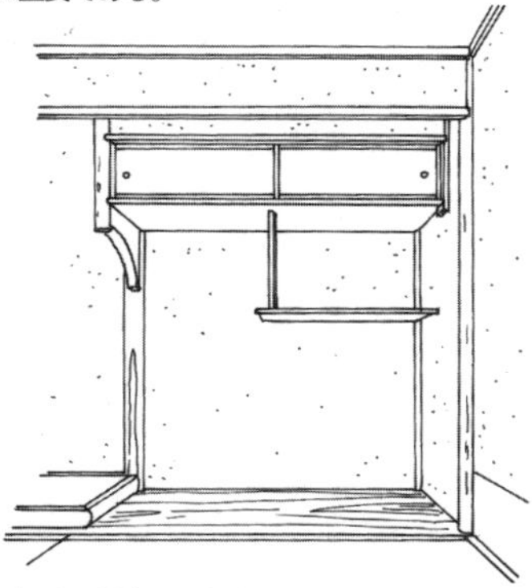

吊棚（つりだな） 一般的には入隅に棚をしつらえ、棚の出隅を上部から吊る。吊木に代わり紐を使った例もある。

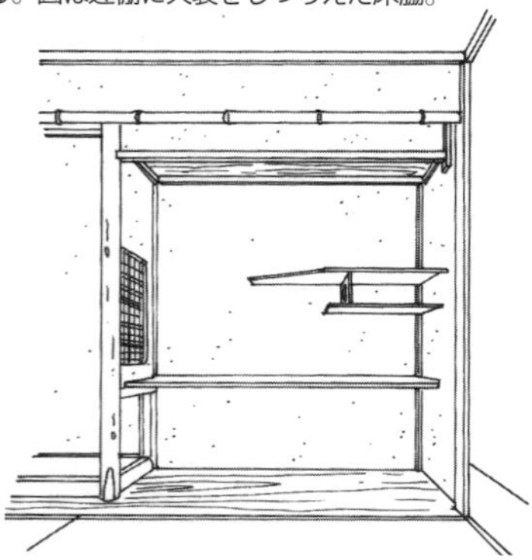

通し棚（とおしだな） 棚としては簡素な形。図は通し棚上部に炮烙棚（ほうらくだな）を合わせて、意匠性を加味している。

3·SET 地袋《じぶくろ》・棚《たな》・天袋《てんぶくろ》

床《とこ》（床の間）の隣に設ける飾り棚を「床《とこ》脇《わき》」や「棚」といいます。棚は「地袋・棚・天袋」の組合せで、意匠によりさまざまに省略されます。棚板を2段に組み合わせたものを「違棚《ちがいだな》」と呼び、端部に「筆返《ふでがえ》し」、上下のつなぎに「えび束《づか》」などの装飾的な部材がつきます。

造りつけの書斎がルーツ
床脇／書院

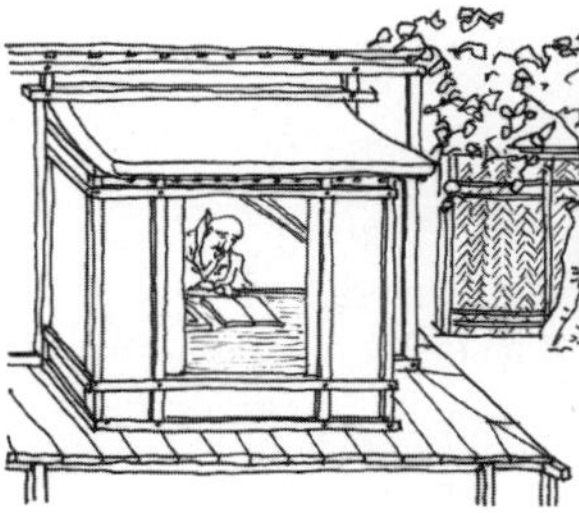
「法然上人絵伝」に見る付書院

3·SET　地袋《じぶくろ》・障子《しょうじ》・欄間《らんま》

「地袋・障子・欄間」の組合せが基本です。出窓のように縁側に張り出した造付けの机を「付書院《つけしょいん》」といい、室町時代には「出文机《だしふづくえ》」とも呼ばれました。書院とは書斎を意味する言葉で、書斎には必ず出文机を備えたことから、これを書院と呼ぶようになりました。「床・棚・書院」で座敷飾りの3点セットになりました。

付書院《つけしょいん》と平書院《ひらしょいん》

付書院

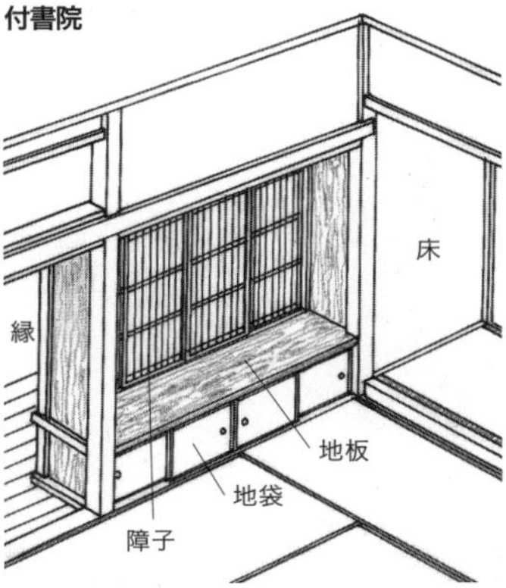

平書院

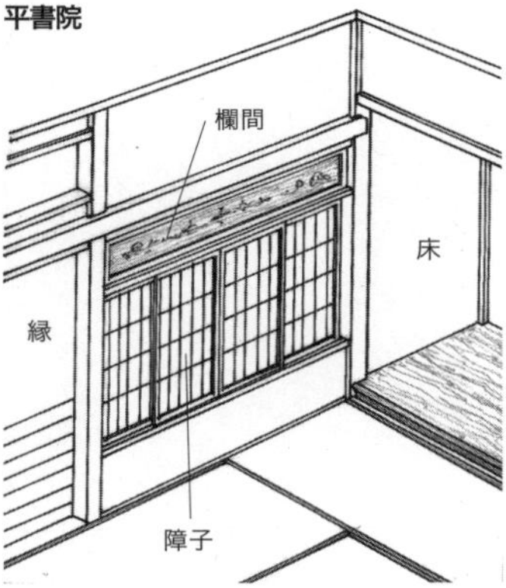

書院に見られる火燈形のデザイン

付書院、平書院では障子の組子や欄間の意匠に凝ったものが見られる。また、開口部に火燈形（かとうがた）を取り入れるものも多い。火燈形はもともと禅宗寺院のデザインモチーフであった。それが数寄屋造りにも取り入れられ、書院窓や出入口に用いられる。縁は黒塗りが多く、格式を感じさせる。

書院と茶室。床の飾りつけもさまざま

床飾り

茶室の床《とこ》飾りの例

古式の床飾り　左は「君台勧左右帳記」に記された「三幅対押板飾り」。三幅対の掛軸、押板上の三具足の飾りつけ。右は同書の「唐様飾り」。掛軸2対と棚飾り。床（床の間）ができる前の飾りつけ。

鎌倉時代の末、連歌会《れんがえ》や茶寄合《ちゃよりあい》が流行し、人が寄り合う遊興の場所として「会所《かいしょ》」がつくられました。会所での「一座《いちざ》建立《こんりゅう》」のために用意されたのが「唐物荘厳《からものしょうごん》」といわれた、舶来の書画、工芸品をきらびやかに並べた座敷飾りでした。

室町時代になると会所での催しが盛んになり、会所専用の建物もつくられました。『君台勧左右帳記《くんだいかんそうちょうき》』や『御飾書《おかざりしょ》』には、足利義政が営んだ東山殿《ひがしやまどの》などでの座敷飾りが記録されています。その内容は「唐様《からよう》飾り」といわれる賑《にぎ》やかなもので、押板《おしいた》に三幅対《さんぷくつい》と三具足《みつぐそく》（花瓶・香炉・燭台）、書院に硯《すずり》や筆、水滴などの文具や喚鐘《かんしょう》、違棚《ちがいだな》には盆石《ぼんせき》や食籠《じきろう》など、多くのものが飾りつけられました。当初は二階棚、逗子《ずし》棚などの移動できる棚が用いられましたが、その後飾りつけの場所が固定化され、床・棚・書院が生まれました。

書院造りでは「接客」が家の中心になり、その後長く日本の住まいに影響を及ぼすことになりました。季節を取り入れ、来客にふさわしいものを飾り、家の主人の心を写した簡素な床飾りになるのは、茶の湯の影響でした。

書院飾りの例

書院の床飾りは、それぞれに飾るものが異なる。床には掛軸を掛け、花入や香合を飾る。付書院には文具などを置き、喚鐘などを吊る。床脇には盆石や食籠などを飾ることが多い。

茶室の床飾りの例

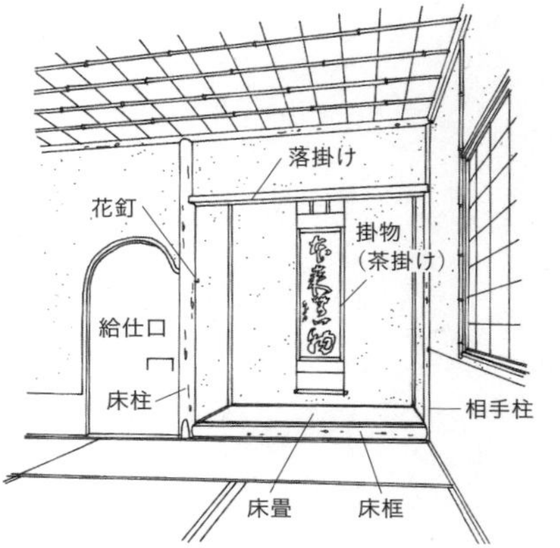

茶室・初座の例　茶会・茶事には初座（しょざ）と後座（ござ）があり、もてなしの場のしつらえを変える。初座では床に掛物を飾る。掛物は茶会の趣旨を表わす重要なもので、禅僧の書跡である墨跡が第一とされている。そのほかでは古筆・絵画・画賛が掛けられる。

茶室・後座の例　初座の後、客は茶事の途中にいったん席を出て（中立ち）、再度席入りする。このときの席が後座である。後座では掛物を外して季節の花が飾られる。床の正面の壁や床柱に掛けられたり、床畳に置かれることもある。

はじまりは平安貴族のワンルームから

仕切り／舗設（しつらい）

寝殿造りで行われた舗設のようす

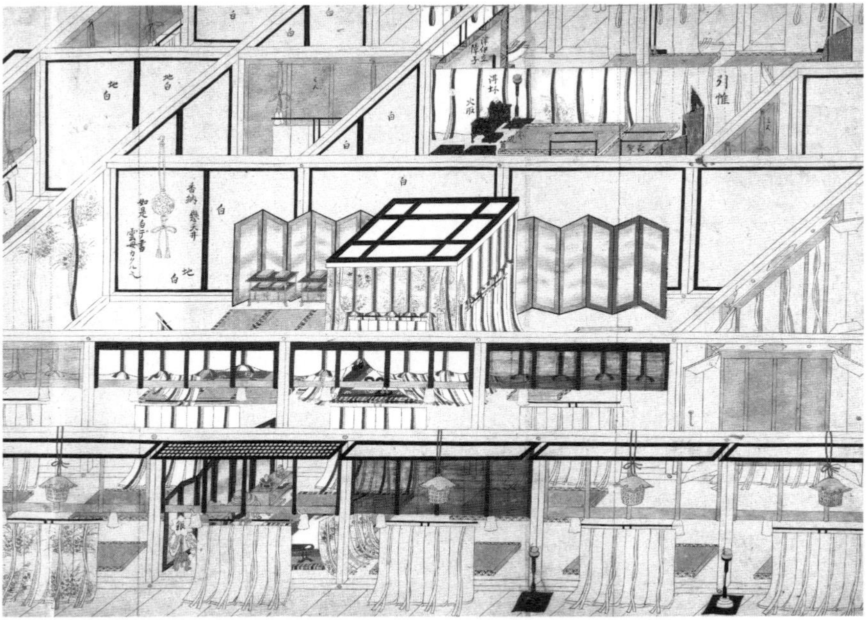

12世紀の関白忠実の邸宅、東三条殿。中央部分の母屋と、その周囲の庇、孫庇との境にさまざまな仕切りを用いている（p.012参照）。江戸時代に描かれた有職故実書「類聚雑要抄」巻2宝禮指図より（東京国立博物館所蔵）。

そもそも日本の建築はワンルームでした。必要に応じて仕切りを設けることで、生活を営んできました。生活が変化すれば仕切りも変化し、営みが多様になれば仕切りも多様になりました。

平安時代の寝殿造りでは「舗設《しつらい》」と呼ばれた、さまざまな家具調度や仕切り装置が用いられました。

風や視線を遮るものを総じて「障子《しょうじ》」と呼び、衝立《ついたて》障子（衝立）・板障子（板戸）・襖障子（襖）・明かり障子（障子）など、その機能に応じて分類されていました。寝殿造りのなかでもっとも多用されたのは、簾《すだれ》や布による御簾《みす》や几帳《きちょう》、壁代《かべしろ》でした。

現在でも用いられている仕切り用の調度や建具は、平安時代につくられたものでした。千年の彼方からの贈物です。

舗設《しつらい》に用いられた仕切り

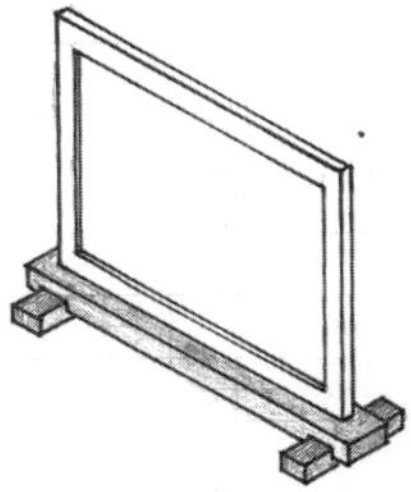

衝立（ついたて） 衝立障子の略称。1枚の襖障子、板障子に脚台をつけたもの。

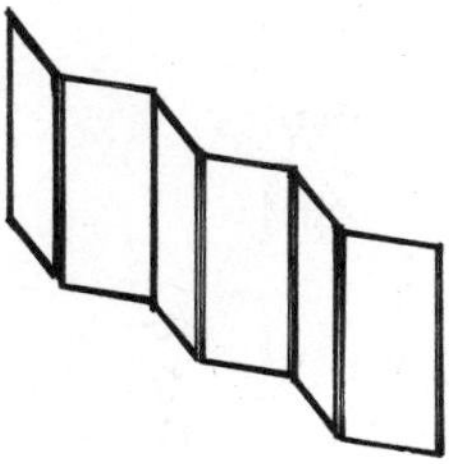

屏風（びょうぶ） 布や紙製のパネルを2枚、4枚、6枚などつなぎ、折り畳みできるもの。風をふさぐ（屏）の意味。

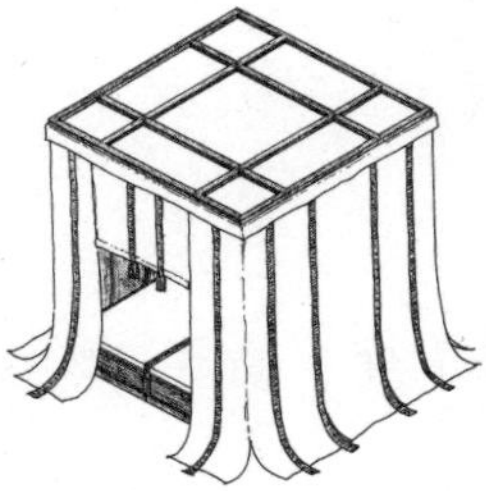

帳台（ちょうだい） 寝所に畳を敷き、四隅に柱を立て、上部に明かり障子を乗せて四面を帳（とばり）で覆ったもの。

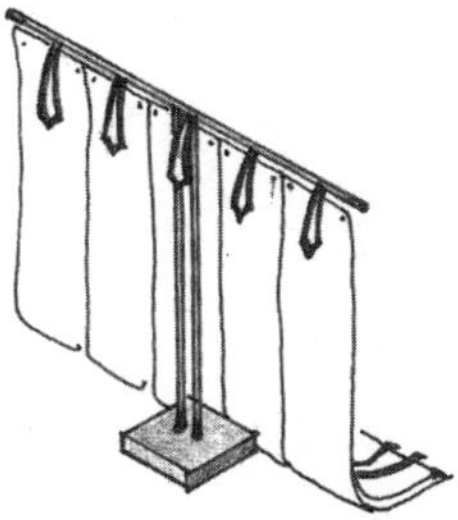

几帳（きちょう） 柱台の細い柱に取り付けた横木に帳を掛けた屏障具。御簾の下や室内に立てた。

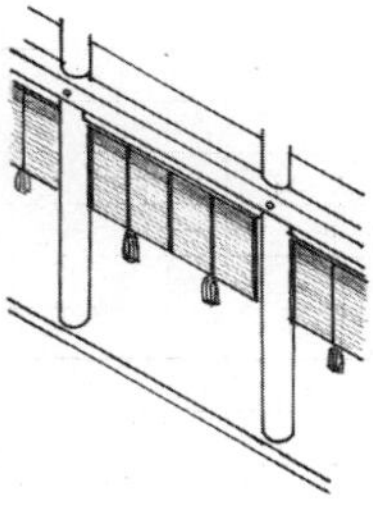

御簾（みす） 竹簾（すだれ）に綾織り、緞子（どんす）などの布で縁をつけたもの。

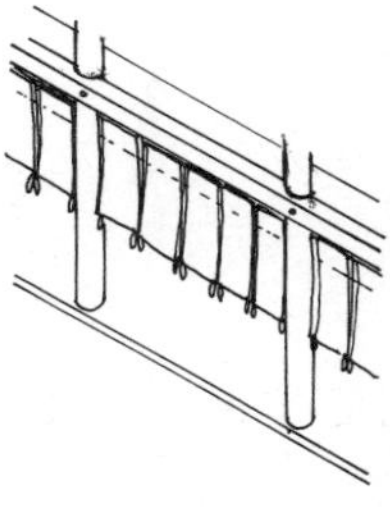

壁代（かべしろ） 壁の代用の意味。寝殿内の母屋と庇の間に仕切りとして掛け垂らしたもの。

外部建具の変遷

外部に面して取り付けられる建具は、寝殿造りでは円柱に蔀戸であった。吊り上げて掛け金具に止め、通路部分には両開きの板扉も併用された。

中世では角柱となり、柱間を滑る遣戸（板戸）2本と障子1本の組合せであった。雨戸は江戸時代初期から用いられ、戸袋に引き込めるため、外部面がすべて障子になる。また、明治末には国産板ガラスが生産されガラス障子へと変わる。

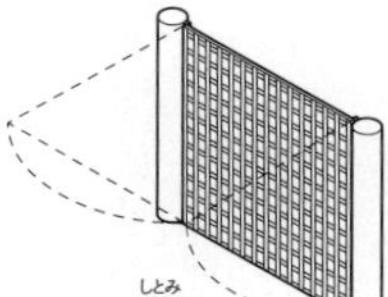

蔀《しとみ》戸

板扉

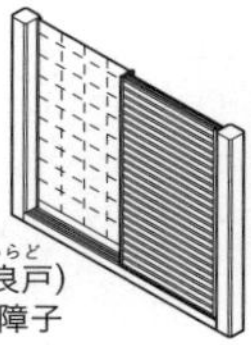

遣戸《やりど》（舞良戸《まいらど》）＋明かり障子

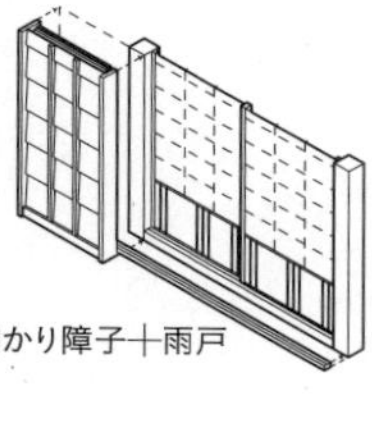

明かり障子＋雨戸

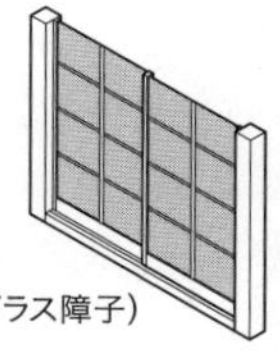

ガラス戸（ガラス障子）

襖と障子は使い方にルールがある
仕切り／建具の基本

襖《ふすま》と欄間《らんま》／座敷と座敷を仕切る

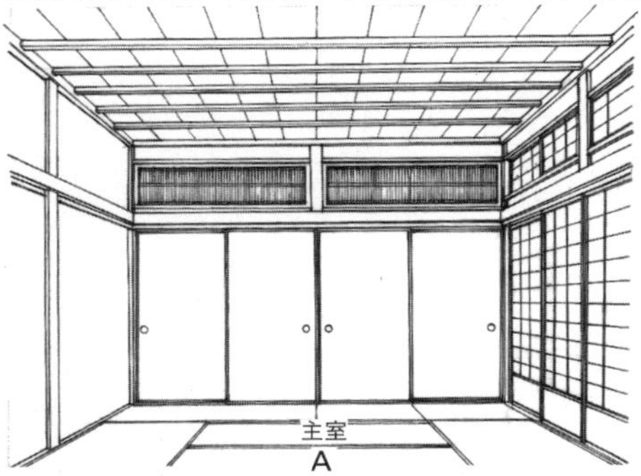

障子《しょうじ》と明かり欄間／座敷と縁側を仕切る

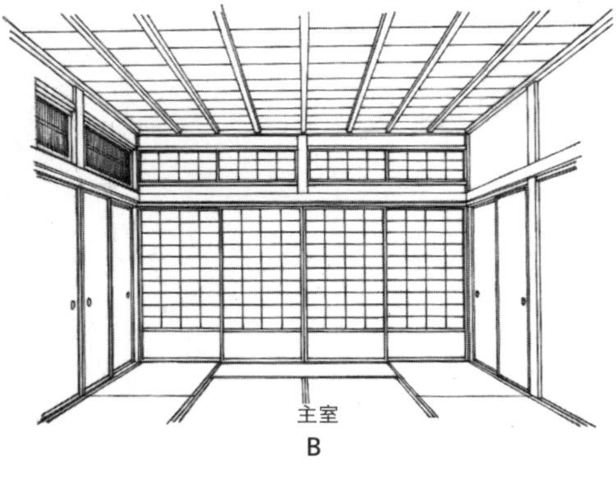

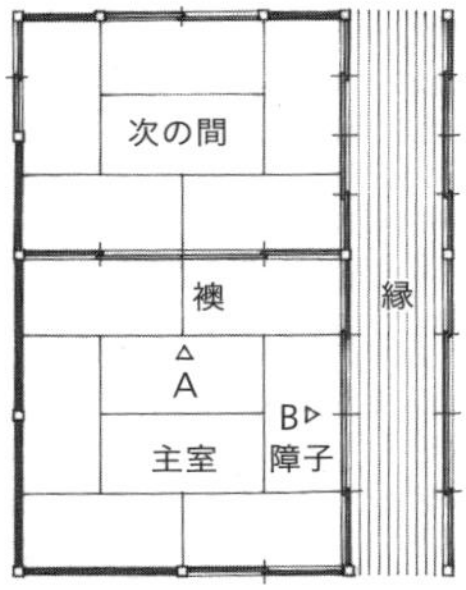

平面図

主室から見て、右手に縁がつく。主室と次の間を仕切るのは襖。縁側との間を仕切るのは障子である。

座敷《ざしき》のある家が少なく、襖は押入《おしいれ》の蓋《ふた》となり、障子が部屋と部屋の仕切りになることもあるようです。狭い家でなんとか採光を取り込もうと考えてのことかもしれませんが、落着きが悪いものです。

本来、続《つづ》き間《ま》の仕切り、座敷と内廊下とを仕切るのが襖です。また、縁《えん》側や外部側に用いられるのが障子です。欄間《らんま》も同様に、部屋と部屋を仕切るときに使われるのが一般的な欄間で、縁側、外部側には明かり欄間（障子欄間）となります。当たり前のことではありますが、基本的なことは理解しておきたいものです。

襖、障子などの引違《ひきちが》い戸の立付け方に

建具の数と立て入れ順

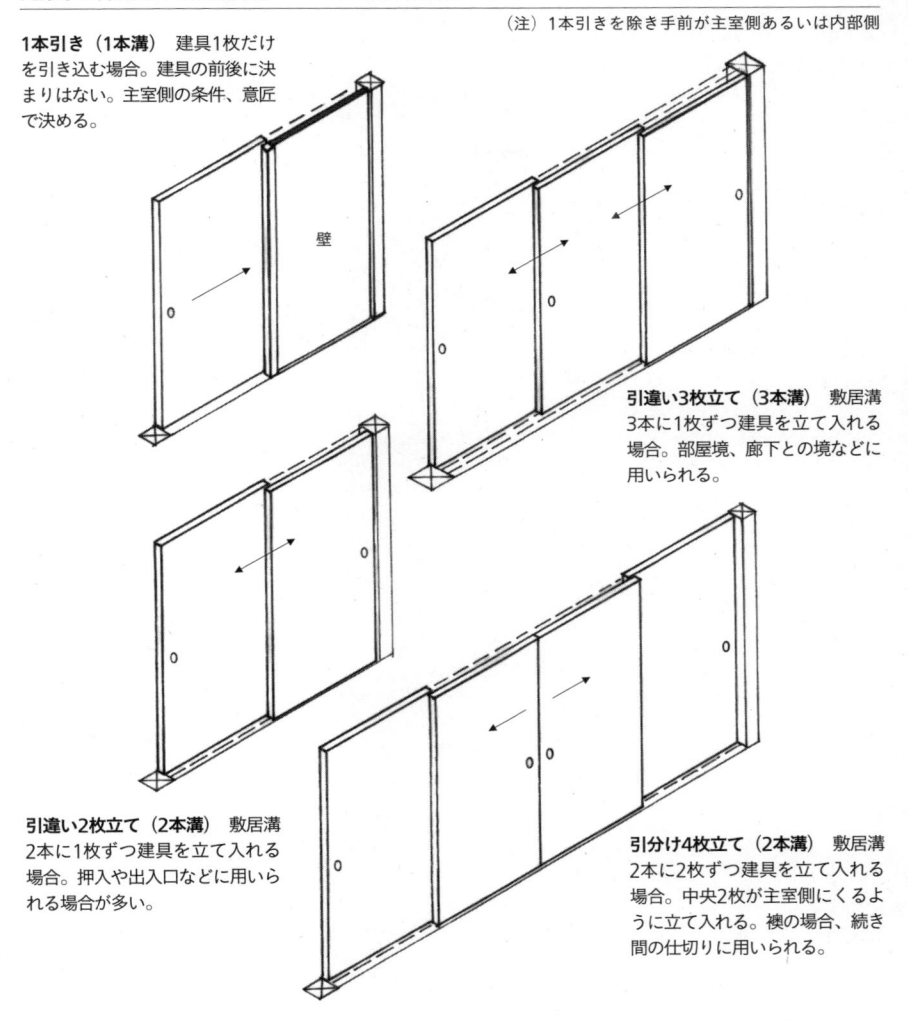

（注）1本引きを除き手前が主室側あるいは内部側

1本引き（1本溝） 建具1枚だけを引き込む場合。建具の前後に決まりはない。主室側の条件、意匠で決める。

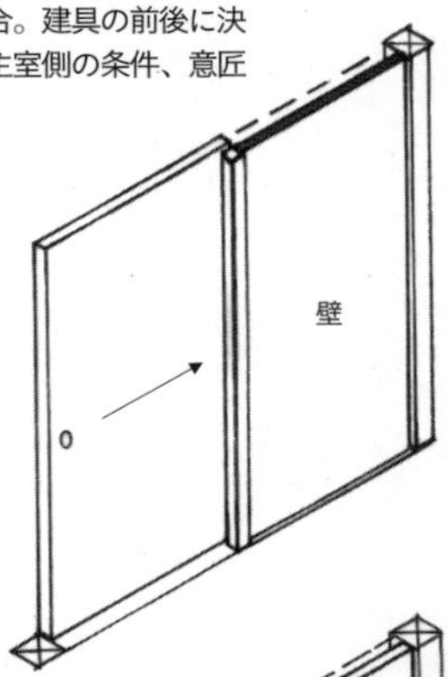

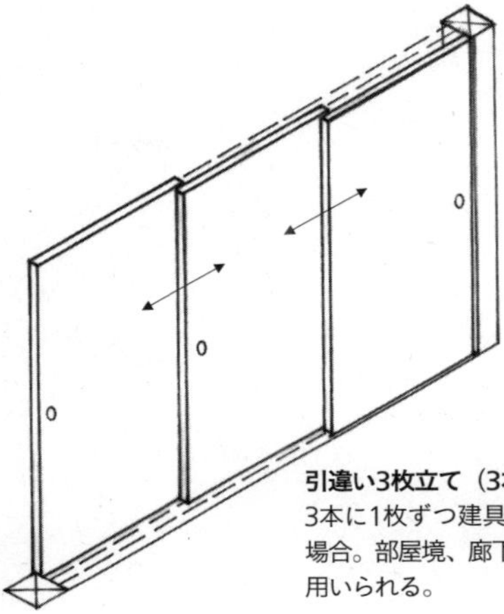

引違い3枚立て（3本溝） 敷居溝3本に1枚ずつ建具を立て入れる場合。部屋境、廊下との境などに用いられる。

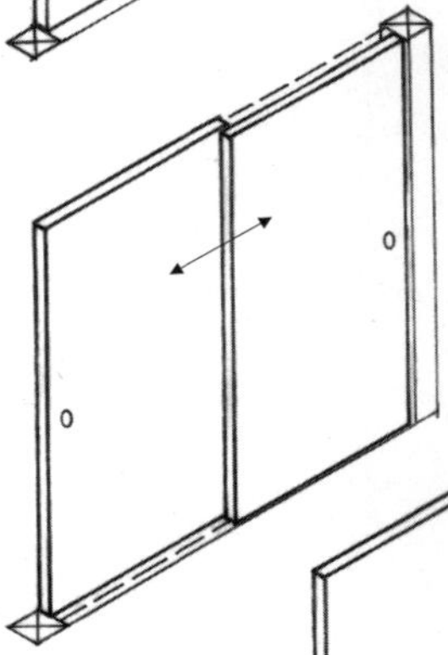

引違い2枚立て（2本溝） 敷居溝2本に1枚ずつ建具を立て入れる場合。押入や出入口などに用いられる場合が多い。

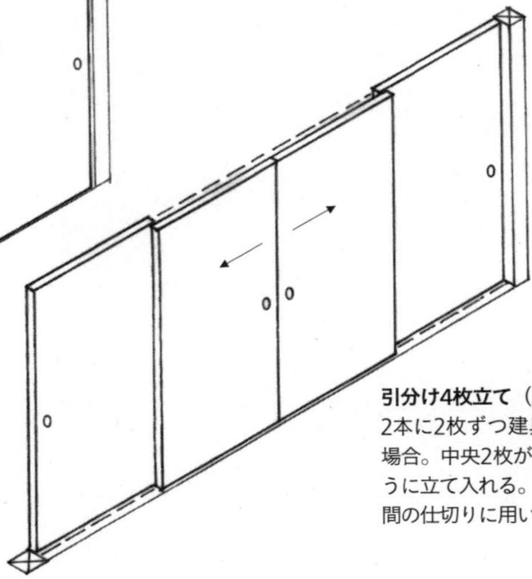

引分け4枚立て（2本溝） 敷居溝2本に2枚ずつ建具を立て入れる場合。中央2枚が主室側にくるように立て入れる。襖の場合、続き間の仕切りに用いられる。

も決まりがあります。襖2枚の引違いの場合は、向かって右側を手前にし左側を奥側に立てます。3本溝《みぞ》への3枚立ての場合も、同じ並びに立て付けられます。例外に2本溝に3枚立てがあります。特殊なケースですので、立込みの前後は現場で対応することになります。

続き間を仕切る4枚立ての引《ひき》分《わ》けの場合には、主要な部屋側から見て中央の2本を手前にし、両脇を奥にセットします。外部に面する場合には、内側から見た形で中央の2本を手前にします。

座敷の美は襖がつくる

仕切り／襖

襖《ふすま》の構造

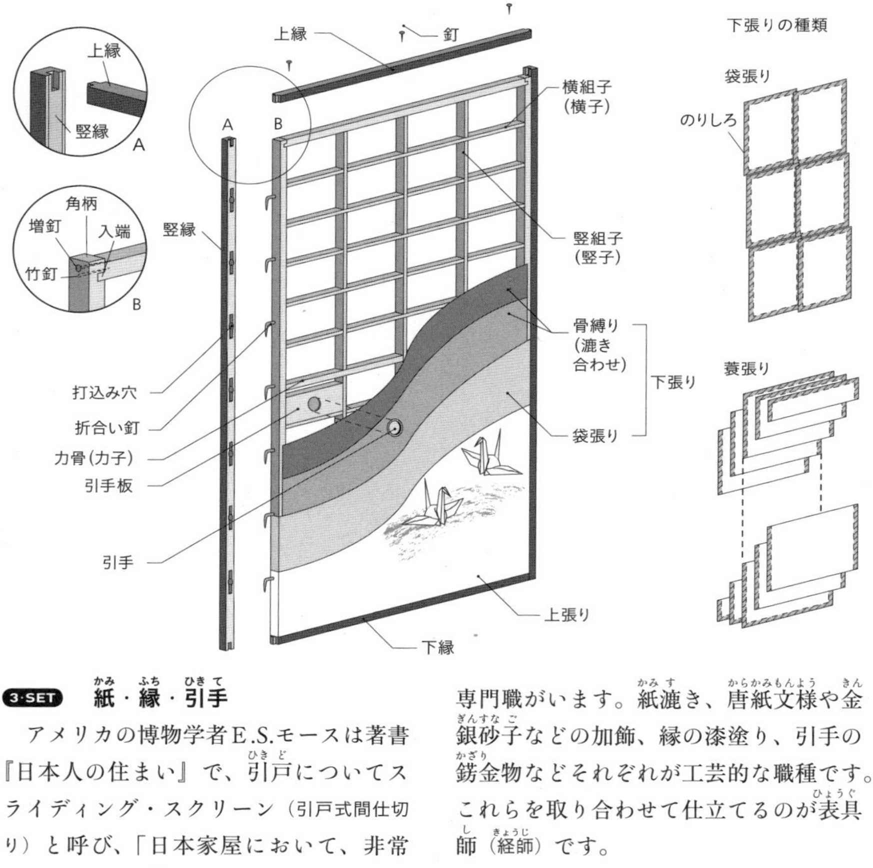

3·SET 紙《かみ》・縁《ふち》・引手《ひきて》

アメリカの博物学者E.S.モースは著書『日本人の住まい』で、引戸《ひきど》についてスライディング・スクリーン（引戸式間仕切り）と呼び、「日本家屋において、非常に重要かつ明白な一つの特徴をなすものである」と記しています。襖《ふすま》や障子は日本建築の特筆すべき要素です。

襖は骨組の組子《くみこ》に、「紙・縁・引手」を組み合わせたもので、材料それぞれに専門職がいます。紙漉《かみす》き、唐紙文様《からかみもんよう》や金《きん》銀砂子《ぎんすなご》などの加飾、縁の漆塗り、引手の錺《かざり》金物などそれぞれが工芸的な職種です。これらを取り合わせて仕立てるのが表具《ひょうぐ》師《し》（経師《きょうじ》）です。

戦後もしばらくは襖紙を唐紙と呼び、唐紙は襖の代名詞にもなっていました。「唐」は中国ではなく、新しいという意味です。その意匠は今でもモダーンです。

ドブ縁《ぶち》とマス縁《ぶち》

竪縁のうち、柱に当たる縁をドブ縁といい、敷居溝にすっぽり入ってスライドする。見込み寸法は溝幅で決まる。名称の由来は溝をドブと呼ぶところから。また、縁同士が重なる部分はマス縁といい、隙間を小さくするために見込み寸法をドブ縁より大きくしてある。

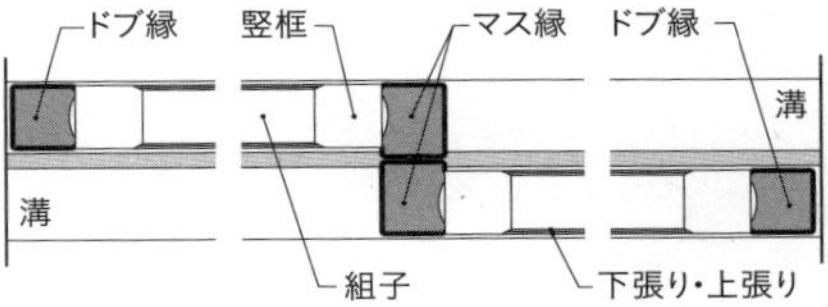

印《いん》籠《ろう》縁《ぶち》の種類

縁の内側をしゃくり、襖本体の框をはめ込むように加工したもの印籠縁という。縁際の見映えが美しく、上等な襖に用いられる。襖縁には見付き寸法により太縁、並縁、細縁があり、印籠は太縁と並縁につけられる。太縁の本印籠は端部にテーパーをつけた丁寧な仕事。

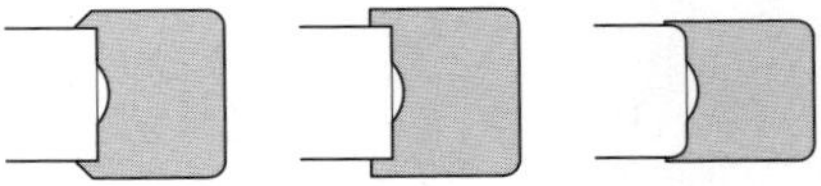

本印籠(太縁)　略式印籠(太縁)　皿印籠(並縁)

定規《じょうぎ》縁《ぶち》の種類

4枚立ての場合、襖縁が出合う部分を召合せという。襖を閉めたとき召合せ部分にわずかな隙間ができ、光がもれる。その隙間を隠すため、縁に定規という膨らみをつけたものを定規縁と呼ぶ。片定規の場合、定規のついているほうが主室側となる。

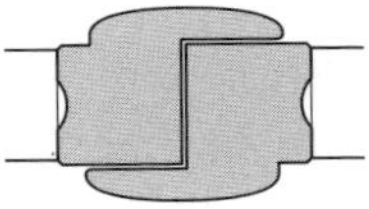

両定規

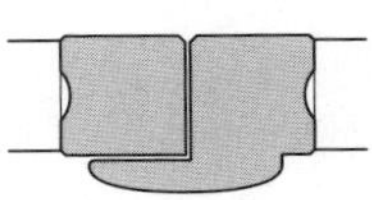

片定規

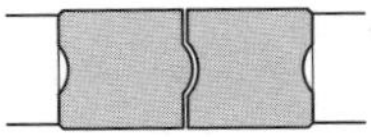

略式定規(印籠)

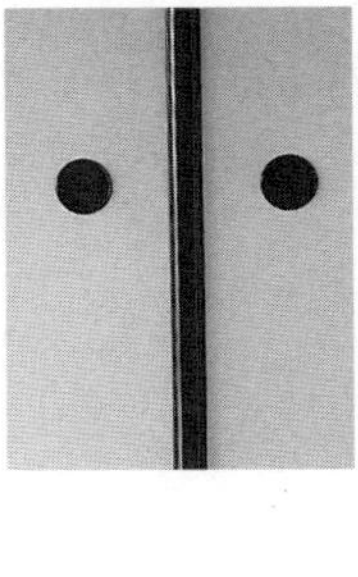

座《ざ》物《もの》引《ひき》手《て》の部分名称

座物引手とは座・胴・底で構成される金属製の引手のことで、引手のもっとも一般的な形体。座と胴の間に小座と呼ぶ小さい座を加えることもある。座は襖の上に出る部分で、密な彫金や透かし彫りなどが施される。底も加飾される場合がある。

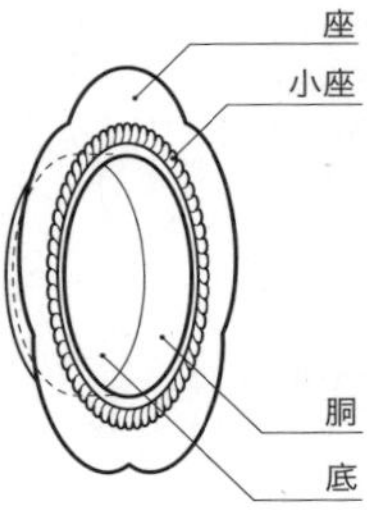

引手の形状バリエーション

シンメトリー

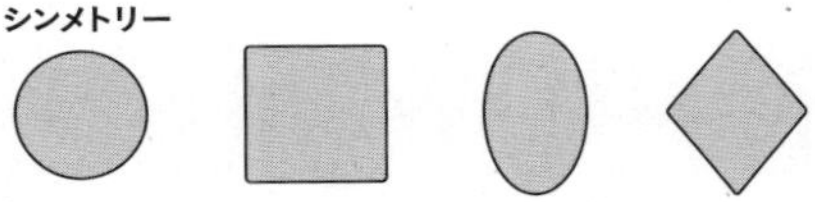

丸形(丸)　角形(角)　楕円形(玉子または小判)　菱形(利休)

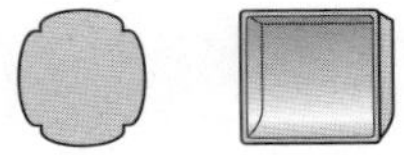

木瓜　塵落とし

アシンメトリー

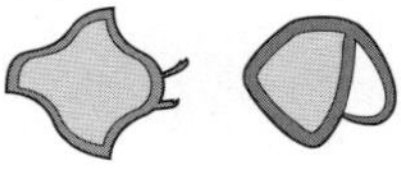

光琳千鳥　のノ字

引手の基本形状は丸形をはじめ、シンメトリーなものが多用される。木瓜形は格式の高い座敷で用いられてきた。また、数寄屋では光琳文様などを象ったものやアシンメトリーなタイプなど自由な発想で引手を楽しんできた。

襖のバリエーション

一部に障子を組み込んだものを源氏襖、額入り襖とも呼ぶ。茶室の茶道口や給仕口に用いられるのが太鼓襖で、縁をつけず、引手は下地の組子の1コマ分を塵落しに切り込んである。上張りは無地の鳥の子紙で、光に透けるため透かし襖とも呼ばれる。

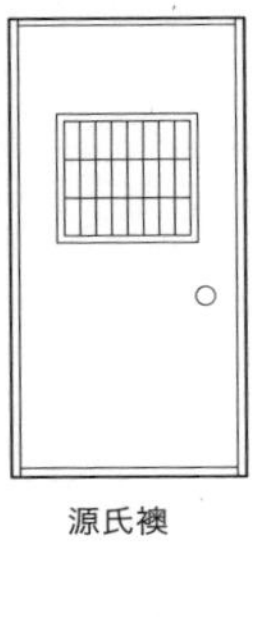

源氏襖

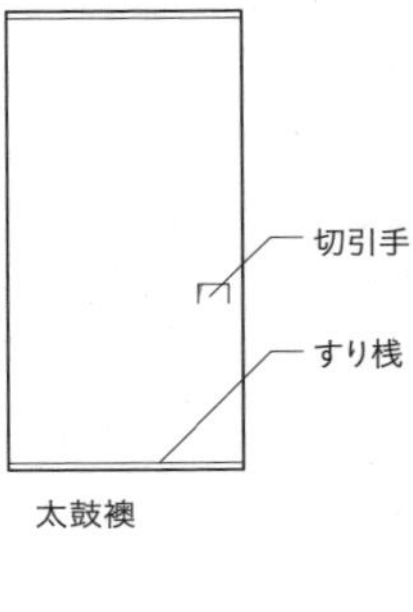

太鼓襖

指物師の技が生きる
仕切り／障子

障子《しょうじ》の構造

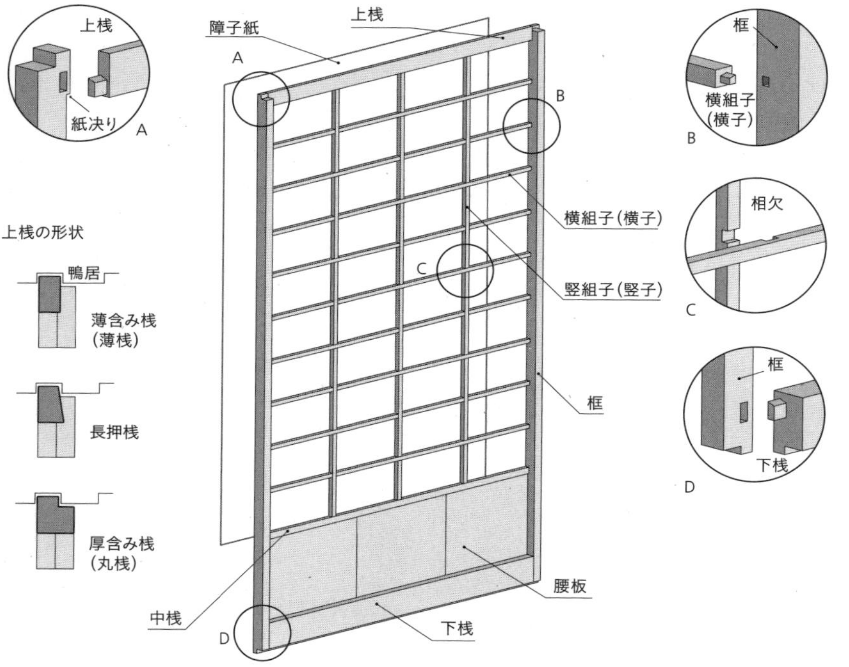

3-SET 桟《さん》（框《かまち》）・組子《くみこ》・障子紙

障子《しょうじ》の基本形は腰付きです。紙が貴重であった時代、日々の立居振舞《たちいふるまい》で障子紙が破れないように、腰部分を板張りや襖仕立てにしたものです。

障子の骨組は指物師《さしものし》の仕事で、組み方や形状には無数の種類がありますが、かつては障子紙のサイズを組子割付けの目安にしました。組子にも面《めん》を取り、一分《いちぶ》の隙もなく組み上げる技術は「細工物」と呼ぶように、繊細な指物技術が生かされています。相欠《あいがき》の向きをすべて交互にした地獄組のような高度な技術を要するものもあります。

伝統的な障子紙は、半紙大の小判《こばん》紙を横方向に貼り継いで巻紙をつくり、障子に貼りました。障子1本を3枚で貼れる2尺×3尺の紙もつくられ、今日では6尺×3尺以上を1枚で貼ることができる、機械漉《きかいず》きの障子紙が普及しています。

障子と襖の溝《みぞ》の違い

柱寸法が3寸5分（105㎜）の場合、建具の溝は2本溝となる。障子や板戸の場合と、襖では溝のつき方が異なり、溝の間の中樋端（なかひばた）が4分（約12㎜）か3分（約9㎜）かで四七溝、三七溝と呼ばれる。

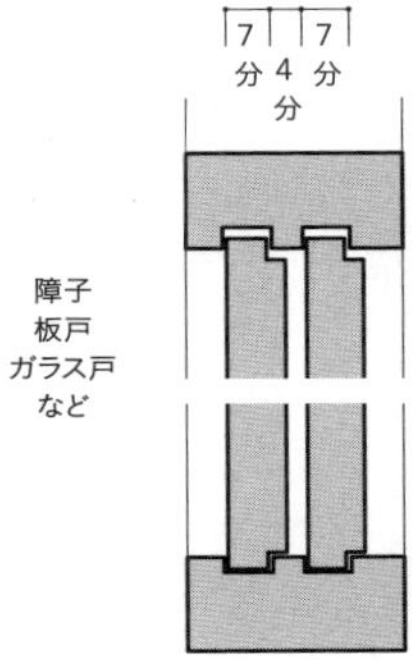

四七溝

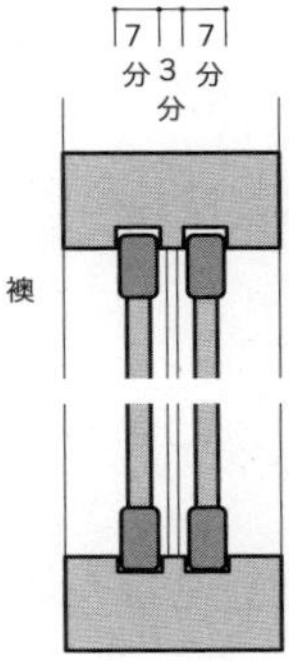

三七溝

組子《くみこ》の面取《めんと》りの種類

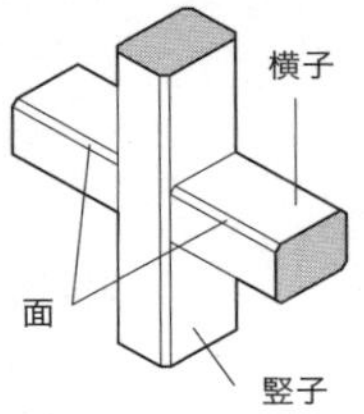

面落ち（面うち）

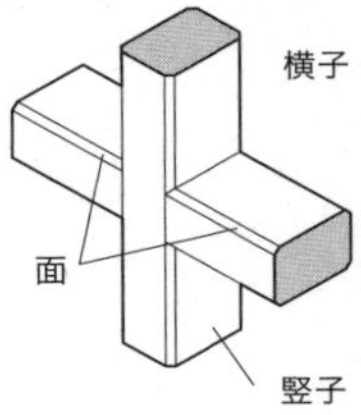

面一（面ぞろ）

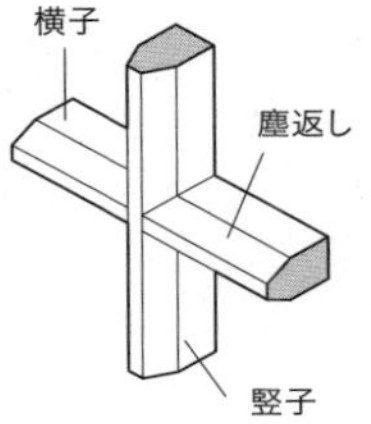

塵返し面

現在では少なくなったが、上等な障子には面取りが施されてきた。横子の見込みを竪子より小さくして組むのは面落ち。さらに丁寧な仕事は面一（つらいち）で、竪横の見付け面が揃う。より大きな面を取り、瀟洒に見せるのが塵返し面である。

障子のバリエーション

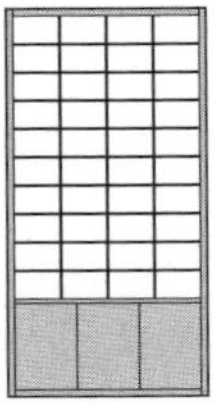
腰付障子

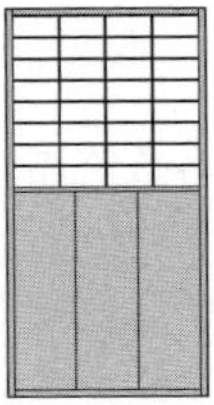
腰高障子

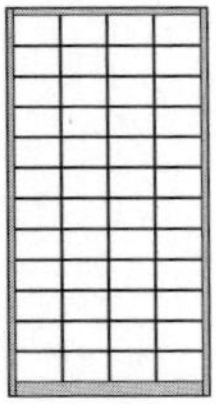
水腰障子

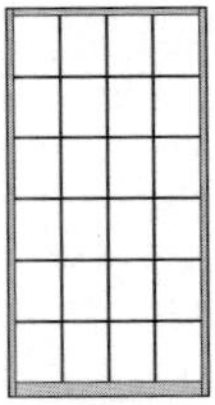
荒組障子

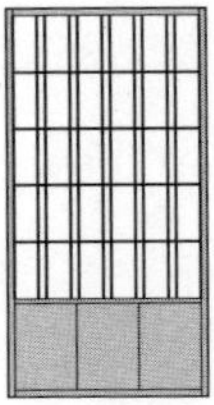
吹寄せ障子

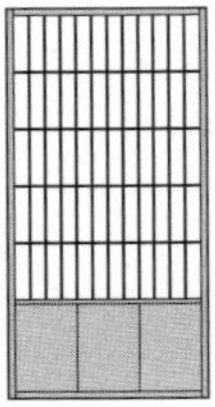
竪繁障子

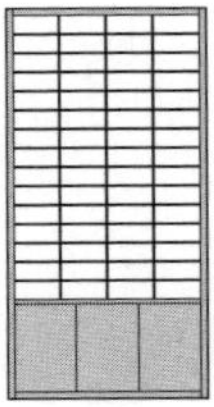
横繁障子

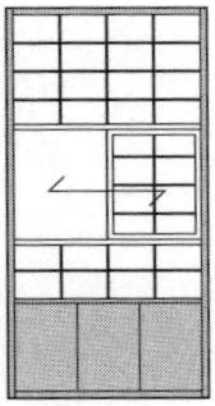
猫間障子

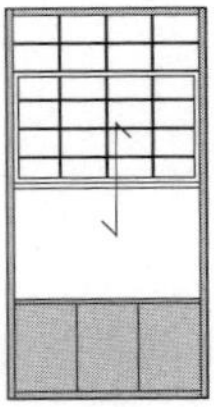
摺上げ障子

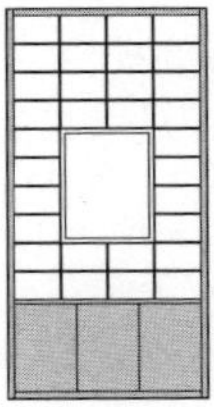
額入り障子

腰付障子は伝統的な障子の基本形。腰高（こしだか）障子は舞良戸と障子の組合せから生まれた。腰板のないのが水腰（みずこし）障子。「腰を見ず」が名称の由来といわれる。荒組障子はコマを大きく組んだもので水腰障子とともに現代に普及している。吹寄せ障子は組子を寄せて組んだもの。竪繁（たてしげ）障子、横繁（よこしげ）障子はそれぞれ組子の数が多く、竪繁は関西好み、横繁は関東好みらしい。ガラス額を入れた額入り障子。ガラスを入れ開閉部分をもつ猫間（ねこま）障子と摺上げ障子は雪見障子とも呼ばれる。

木製建具は自由自在

仕切り／板戸・格子戸

　時代によりさまざまな木製建具がつくられてきました。木材の供給や加工道具の進歩により、製作技術も進歩しました。さまざまなタイプの建具がつくられ、膨大なデザインが生まれました。

　出入口に立てられる建具の総称が「戸」です。開閉方式により軸回転するものが妻戸《つまど》、引戸形式のものを遣戸《やりど》と呼びました。その後、板遣戸、舞良戸《まいらど》と呼名を変え、舞良戸と障子を組み合わせて腰高障子ができました。

　格子戸のルーツは蔀戸《しとみど》で、蔀格子の中板を取って引戸にすれば、格子戸になります。

　住宅に用いる建具でもっともユニークな発明は雨戸《あまど》です。柱の外側に一筋《ひとすじ》と呼ぶ一本溝の鴨居《かもい》と敷居《しきい》を打ち付け、雨戸収納用の戸袋から随時出し入れする方式は画期的で、取付け場所も自由です。雨戸の登場によって、座敷の柱間《はしらま》をすべてオープンにすることが可能になりました。

　戸締《とじ》まりを表わす「トザス」の語源は戸に刺すで、カンノ木（カンヌキ）を戸に刺すことを意味します。

基本的な板戸《いたど》の3タイプ

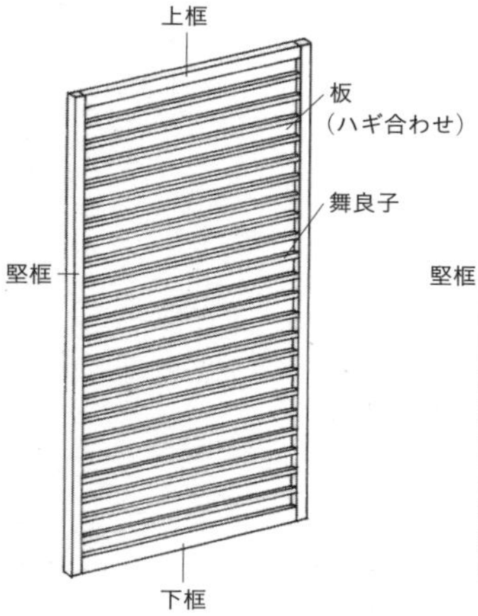

舞良戸（まいらど）　舞良子を細かく入れて板を張る。一般に舞良側を外部に向けて立てられる。また、舞良子の間隔が細かいものほど、格の高い表現となる。

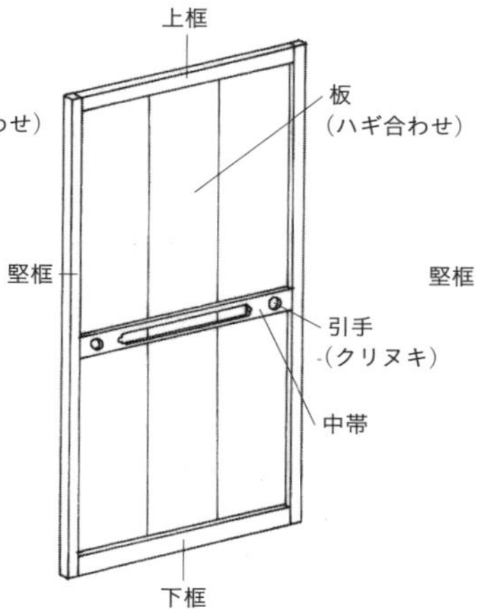

帯戸（おびど）　中帯で框組を押えて板を入れる。帯は補強部材だが、引手を開けて意匠を兼ねる。板は一般にハギ合せで用いられる。

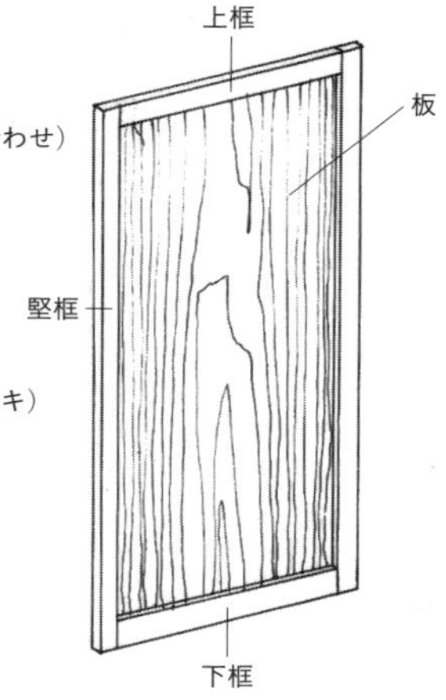

鏡板戸（かがみいたど）　周囲を框組として一枚板を立てる。周囲の框組でもたせるため框が大きくなる。杉板が用いられることが多いため杉戸とも呼ばれている。

格子《こうし》戸と雨戸《あまど》の基本形

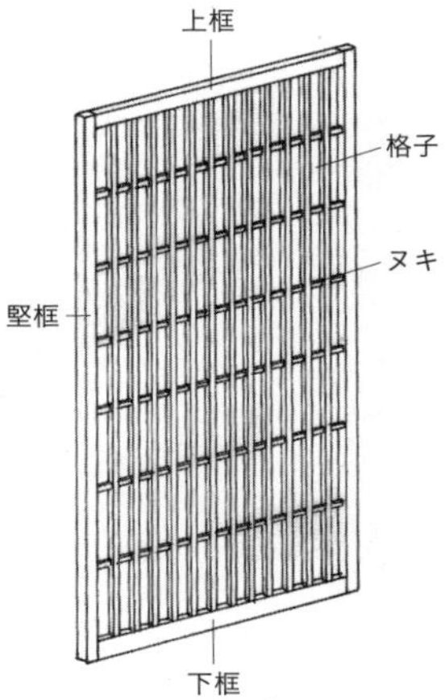

格子戸　框内に格子組を入れた戸。格子の太さやアキ寸法の加減でさまざまな表情に変化する。

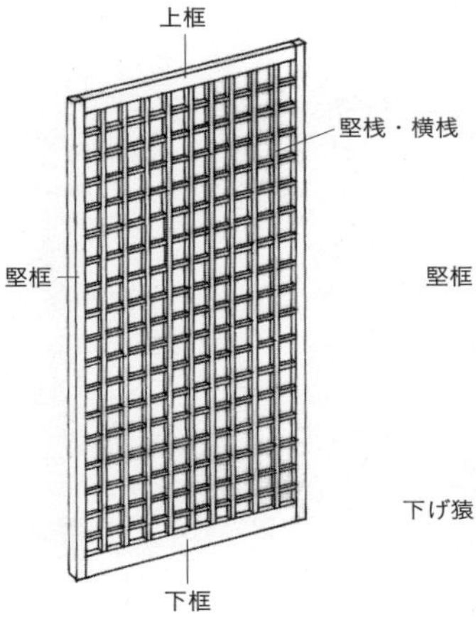

木連（きづれ）格子戸　竪桟・横桟を同じ見付け寸法にして正方形の格子状に組んだもの。格子に板を挟んで用いる場合もある。

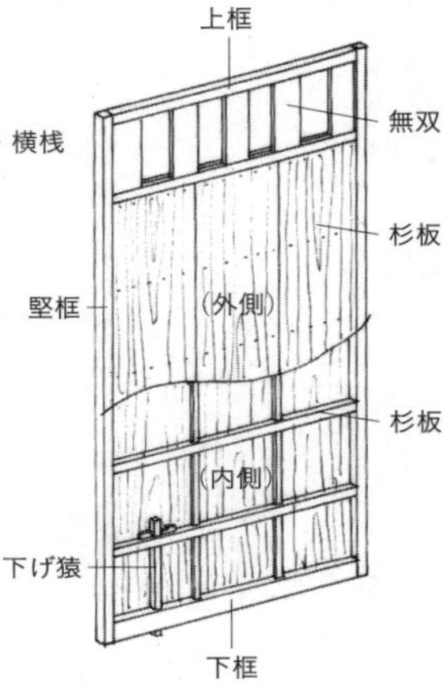

雨戸　木製雨戸では戸締まりと通風を考慮し、上部に無双を開けるものもある。猿（さる）を落として戸締まりをする。

雨戸の下《さ》げ猿《さる》

戸締りに用いる仕掛け。下框に縦の猿が通っており、敷居溝の穴に落として、雨戸を動かなくする。上げたときに横の猿が固定する。猿はつかんだ物を放さないことから名がついたとされる。

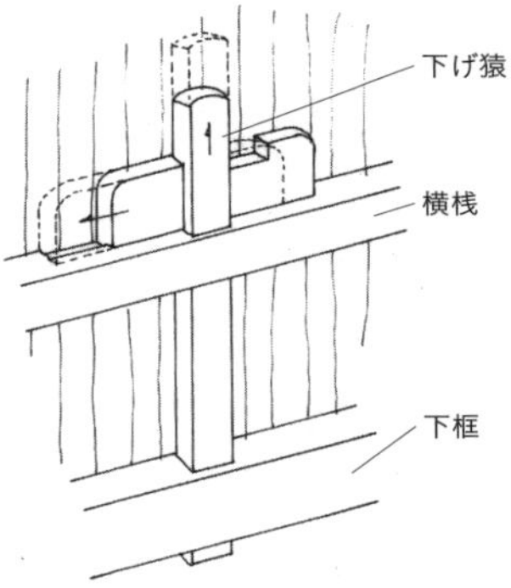

無双《むそう》部分の詳細

無双は無双連子窓の略。連子（れんじ）を板として、内側、外側に設け、横に開閉する。外側の板は框に固定されており、内側の板が、桟ごと框に切られた溝内を動く。通風のために設けられるが、意匠を兼ねて用いられることもある。

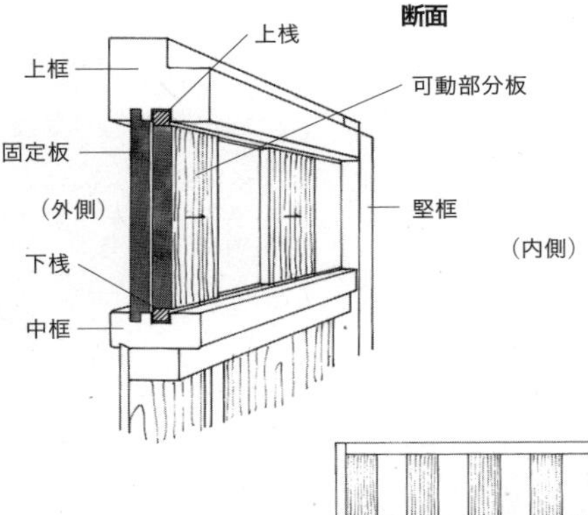

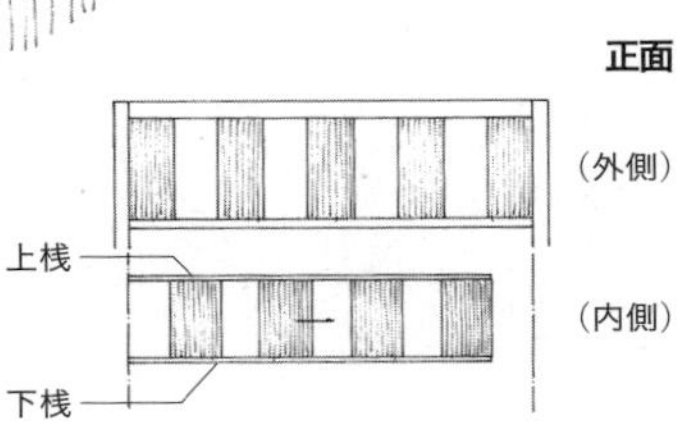

もとはワンルームを仕切った間越しの欄間

仕切り／欄間

欄《らん》間《ま》のバリエーション

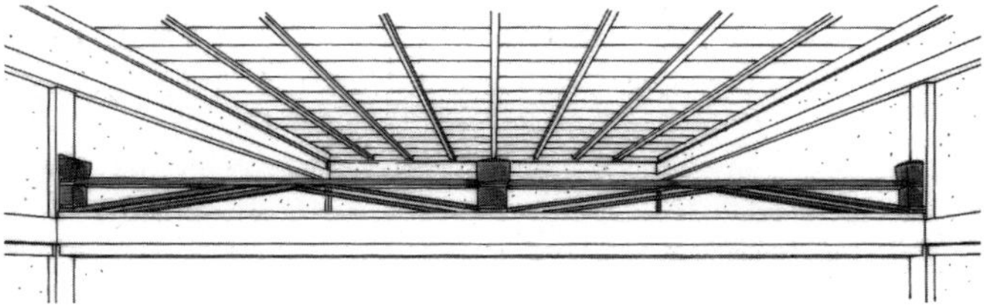

竹の節欄間　社寺などの客殿、書院などでよく見られる。縁側結界用の板戸上部にも設けられ、厳格な趣がある。斜材をたすきに渡し、欄間のせいを高くする場合もある。

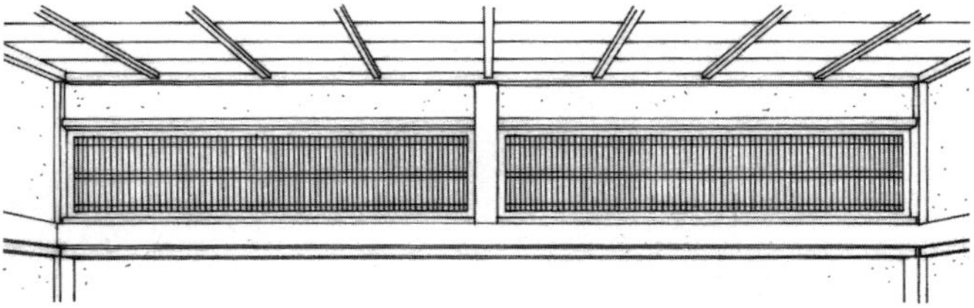

組子欄間　組子を組んで用いたもので、図は筬欄間（おさらんま）といい、気品高い趣がある。そのほかに菱組、松皮菱、麻の葉などを組んだ欄間がある。

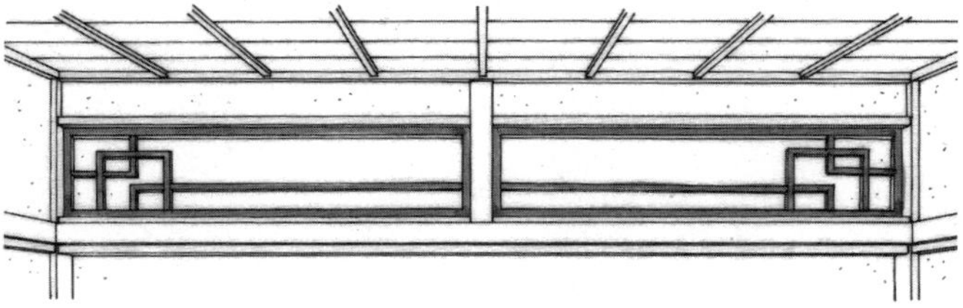

透かし欄間　透かし彫りや、図のように大胆な意匠のものなど、さまざまである。隣接する空間と密接につながる。

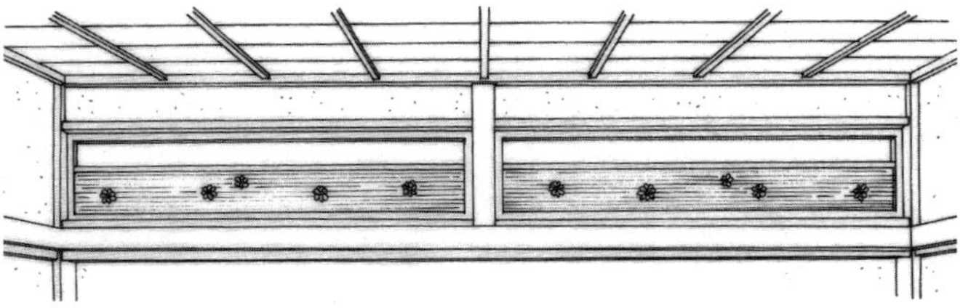

板欄間　全面に板を入れたものや、上下を開けて透かしたものなどさまざまである。板には絵が描かれたり、図のような透かし模様が設けられる。

座敷にストーリーを与える欄間

三溪園臨春閣の波形の透かし欄間。第一屋の「瀟湘（しょうしょう）の間」と「花鳥の間」の間に設けられている。現在は黒ずんでいるが銀箔で覆われており、往時の華やかさが想像される。瀟湘は中国の洞庭湖に注ぐ2つの川で、画題として有名。臨春閣は原三溪が移築したものであり、室名は後につけられたものだが、そのとき波の欄間も意識されたのかもしれない。

三溪園にある合掌造り農家、旧矢箆原家の座敷の欄間。舟の錨（いかり）の透かし彫り。吊束を挟んで隣には櫂（かい）も配されている。

同じく臨春閣の「浪華の間」と「琴棋書画の間」の境の欄間。色紙をはめ込み、周囲を菊花の透かし彫りで埋めている。色紙の書は公家の手による「浪華十詠」。公家の官位から元文2〜3年（1737-38）に書かれたと考えられている。

欄間《らんま》の起源は平安時代の仏堂からで、油火《あぶらび》や蝋燭《ろうそく》から出る煙抜きといわれます。一室空間のなかに間仕切りが固定されるようになり、鴨居上部の補強と装飾を兼ねて取り付けられたのが竹《たけ》の節《ふし》欄間です。禅宗の方丈《ほうじょう》建築に多く見られます。もともとは一室空間であり、仕切りは便宜的なものであることを示唆《しさ》しています。

江戸時代には今日見るような欄間の形もできあがり、座敷の続《つづ》き間《ま》には必ず設けられました。明治の頃までは「間越欄《まごしのらん》間《ま》」または「間仕切り欄間」と呼ばれていましたが、現代では「欄間」で総称しています。もっとも格式の高いのが筬《おさ》欄間で、ほかに組子欄間、透かし欄間、板欄間、彫刻欄間などがあり、それぞれに膨大な雛形《ひながた》が考案されました。また、襖仕立ての欄間を「釣襖《つりぶすま》」と呼びます。

縁側にも欄間が欲しくなった

仕切り／明かり欄間

明《あ》かり欄《らん》間《ま》のバリエーション

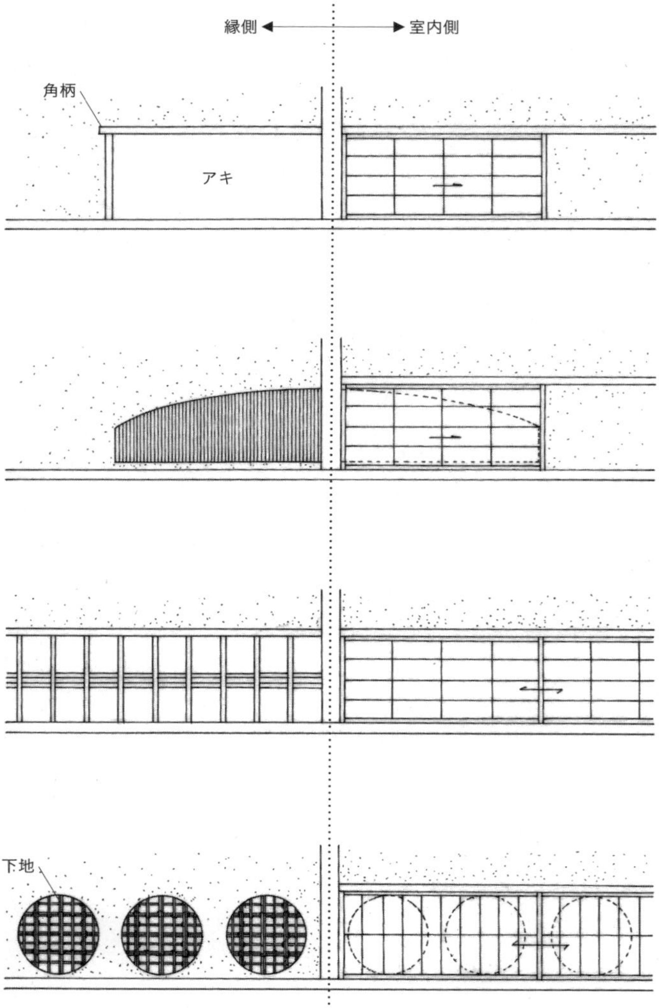

角柄障子欄間　縁側を角柄（つのがら）留めで開け、室内に障子を立てる。縁が直接外部などの場合は、格子が立てられる。

櫛形障子欄間　壁を櫛形（くしがた）に抜いて室内に障子を立てる。室内の意匠上、櫛形にはさまざまな素材が組み込まれる。

格子欄間　引違い障子を立て、縁側に格子を取り付けたもの。格子は組込みにする場合が多く、削木はもちろん、細竹や小丸太なども用いられる。

下地欄間　小壁に下地を設け、室内に障子を立てたもの。図のような円形や、横長に設ける場合もある。軽妙な意匠となるが、精緻な仕事が求められる。

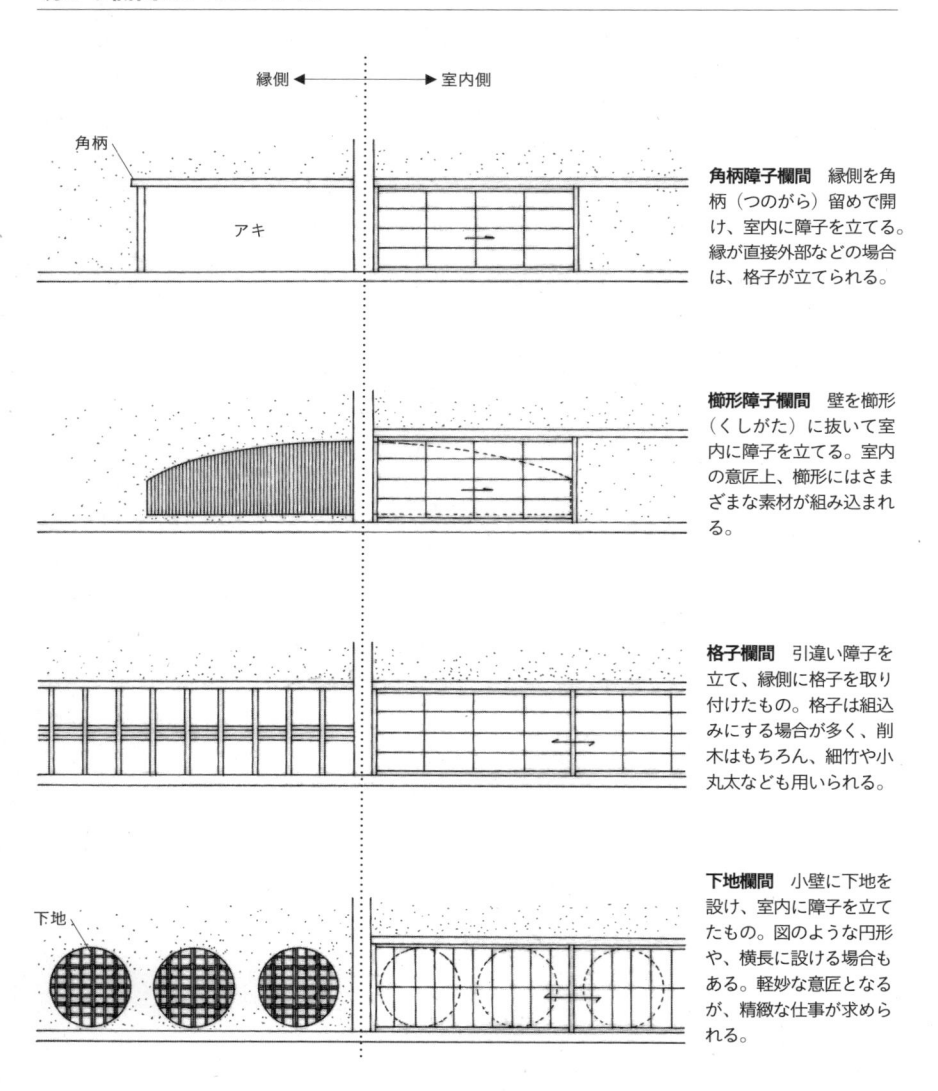

明かり欄間をめぐらせた開放的な座敷

三溪園月華殿（重要文化財）。二間続きに縁がまわる。部屋境と、障子の上に大きな明かり欄間が設けられている。

欄間《らんま》の起源については、煙抜きも理由の一つと考えられます。「油煙《ゆえん》出し窓」という呼名も残っています。江戸時代初期の書院造りや数寄屋風書院では、縁側に面した鴨居上の小壁《こかべ》部分に欄間形の開口をつくっている例をほとんど見ません。

しかし、その数十年後には、障子を組み込んだ「明かり欄間」の形がととのいました。吊束《つりづか》で鴨居を吊り上げて小壁を2分割することで、工法的にも安定したものになりました。座敷をより明るく風通しを確保したいという意識の強さがうかがえます。間越欄間《まごしのらんま》（p.060）と同様、さまざまなバリエーションがつくられました。縁側先の欄間は「縁先欄間」または「鞘《さや》欄間」と呼ばれます。

桂離宮古書院二の間。明かり欄間の不思議

桂離宮古書院二の間の月見台に面した障子と欄間の構成は、あまりに有名であり、とくに疑問を感じることもないだろう。しかし、よく見ると気がつくことがある。このような形の明かり欄間は、ほかに見当たらないのだ。吊束もなく、天井廻縁が欄間障子の鴨居になっている。桂でもこの欄間形式はここ一カ所だけである。古書院は江戸時代初期、元和（1615〜24）の建築である。もしかすると、明かり欄間はこれが始まりだったのかもしれない。

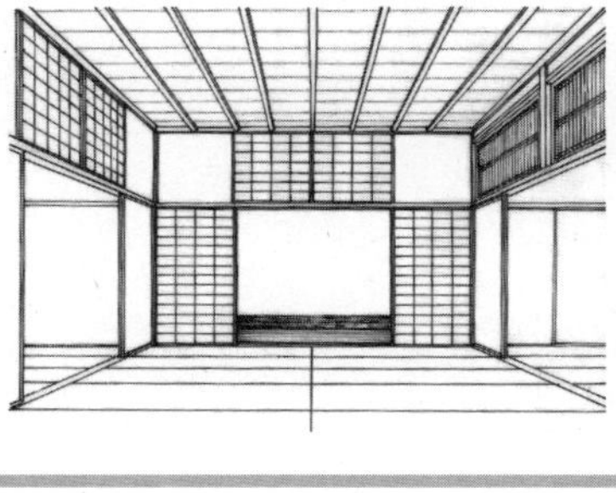

町家のデザインは格子で決まる

格子のバリエーション

町家の表通りの格子 城郭を彷彿とさせる頑丈で防衛的な構えの格子。1階中央の荒格子は古いタイプのもの。2階の漆喰で塗り上げられた土格子を大和格子という。奈良県今井町の河合家住宅。重要文化財。

古い家には必ず格子《こうし》がついていました。とくに町家には不可欠のもので、伝統的な町並みは格子でつくられているといってもよいほどです。町家格子の出現は応仁の乱後、16世紀初頭だといわれます。防御的な太い荒格子《あらごうし》から、視線と通風を調整する、意匠的な格子に洗練されてきました。格子の固定法は、柱や框《かまち》に直接取り付ける「台格子」と柱間《はしらま》に組み込む「嵌《はめ》込み格子」方式があり、柱から持ち出す「出《で》格子」と柱面につけた「平《ひら》格子」に分類され、形の種類は無数です。

町家の通りに面した外観は、格子に覆《おお》われ同じような姿をしていますが、格子が微妙に異なるため単調になることはなく、豊かな類似《るいじ》性が町をつくっています。

格子《こうし》の3タイプ

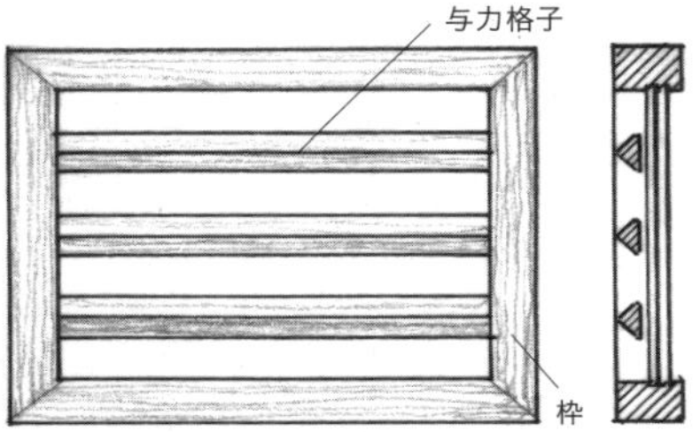

与力格子(よりきごうし) 格子断面が三角形の横格子のことをいう。与力、同心宅の武者窓に用いられた。

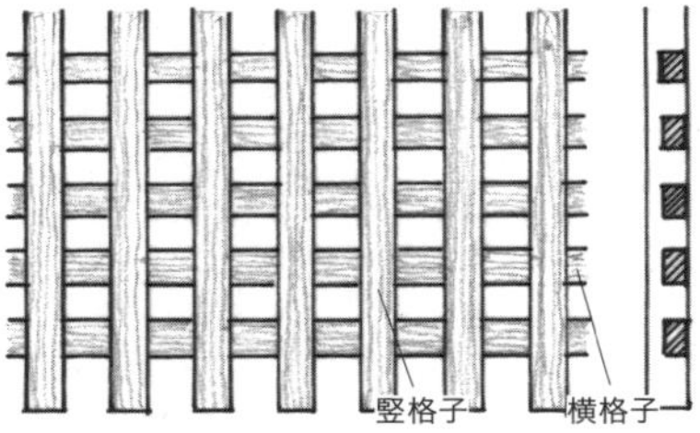

木連格子(きづれごうし) 木を竪横に連ねたことから木連格子と呼ばれる。なまって狐格子ともいう。

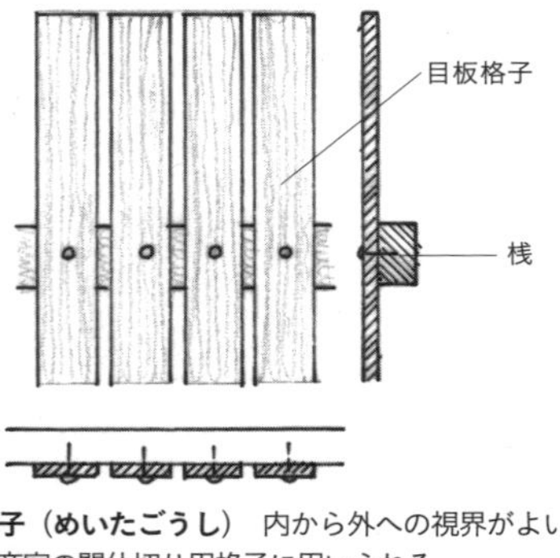

目板格子(めいたごうし) 内から外への視界がよいため、商家の間仕切り用格子に用いられる。

子《こ》持《も》ち格子 (親子格子)

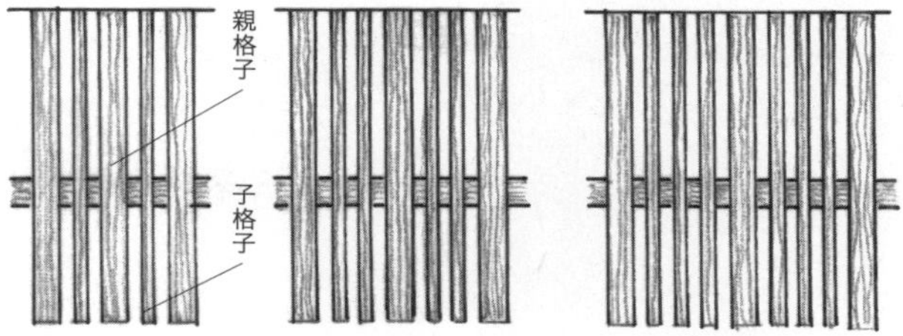

1本子持ち　2本子持ち　3本子持ち

竪格子の幅を大小（親子）組み合わせた格子。子格子の本数でデザインが変化する。格子の間隔は子格子幅の小間返しが基準。

切子《きりこ》格子

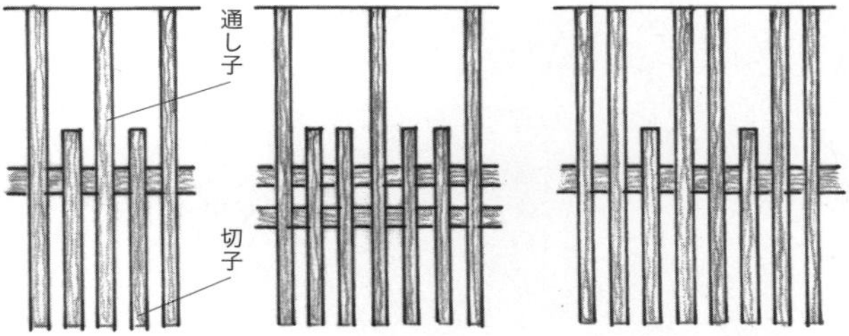

1本通し1本切子　1本通し2本切子　2本通し1本切子

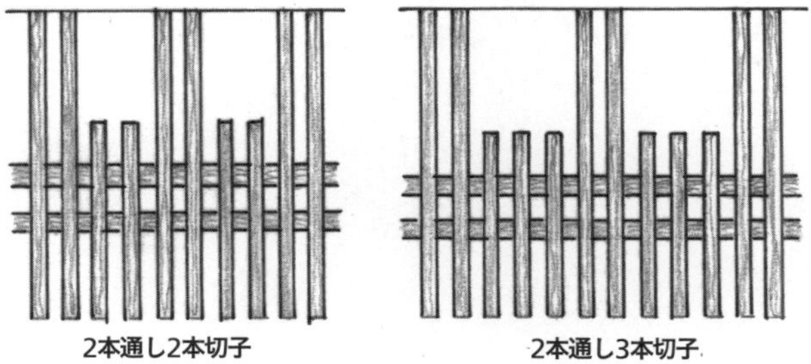

2本通し2本切子　2本通し3本切子

竪格子の上部を間引いたもの。上枠まで延びた親格子を通し子、切り落としたものを切子と呼ぶ。採光によいが強度は低い。

犬矢来も格子の一種

建物外壁の脚部を保護するための格子。犬除けが目的。割竹を曲げて詰め打ちにし、曲面を描く独特の表情をつくり出す。近江八幡西川家住宅。

深い庇と広い縁

奈良、大和郡山《やまとこおりやま》にある慈光院書院《じこういんしょいん》を見学すればわかるのですが、この書院の内部空間を覚えている人は、たぶんいないと思うのです。床《とこ》（床の間）と付書院《つけしょいん》もあるのですが、どんな形をしていたか思い出せません。床柱《とこばしら》の姿も浮かんできません。おぼえているのは、縁《えん》（縁側）から見た奈良盆地の風景だけです。間仕切りの建具類がすべてはずされた書院座敷には、何もないのです。あるのは、縁と庇《ひさし》で切り取られた、水平に広がる景色だけです。建物は陰のような存在になってしまったようです。

「借景《しゃっけい》」と呼ぶ、造園技法があります。自分の庭のはるか向こうにある風景を庭園の一部のように取り込んだものです。慈光院の庭は借景庭園の代表的な例といわれますが、慈光院の庭にあるのは、大きな刈込みだけなのです。余分なものをすべて切り捨てた極限の姿は、「縁と庇、それに刈込み」だけでした。これも日本の建築が到達した究極の空間の一つです。

この慈光院の空間を「深い庇と広い縁、この二つさえあれば自然の気で室内を充満させるに十分だ」と書いたのは、今は亡き、建築家の西澤文隆氏でした。直射光は庇で遮られ、庭の白砂に反射した光が縁で拡散し、書院の畳の上をすべるように奥へと伝い、床の闇のなかへ吸い込まれていきます。

深い庇と広い縁、そして借景。日本の住まいからは、失われてしまったものばかりです。

それでも21世紀の縁空間がさまざまに試みられています。新たな縁が復活することを待ち望みたいと思います。

慈光院書院　奈良県大和郡山

④ 茶室

Chashitsu: Tea Ceremony Room

西芳寺湘南亭　付書院火燈窓

数寄屋造りのルーツ
茶室のなりたち

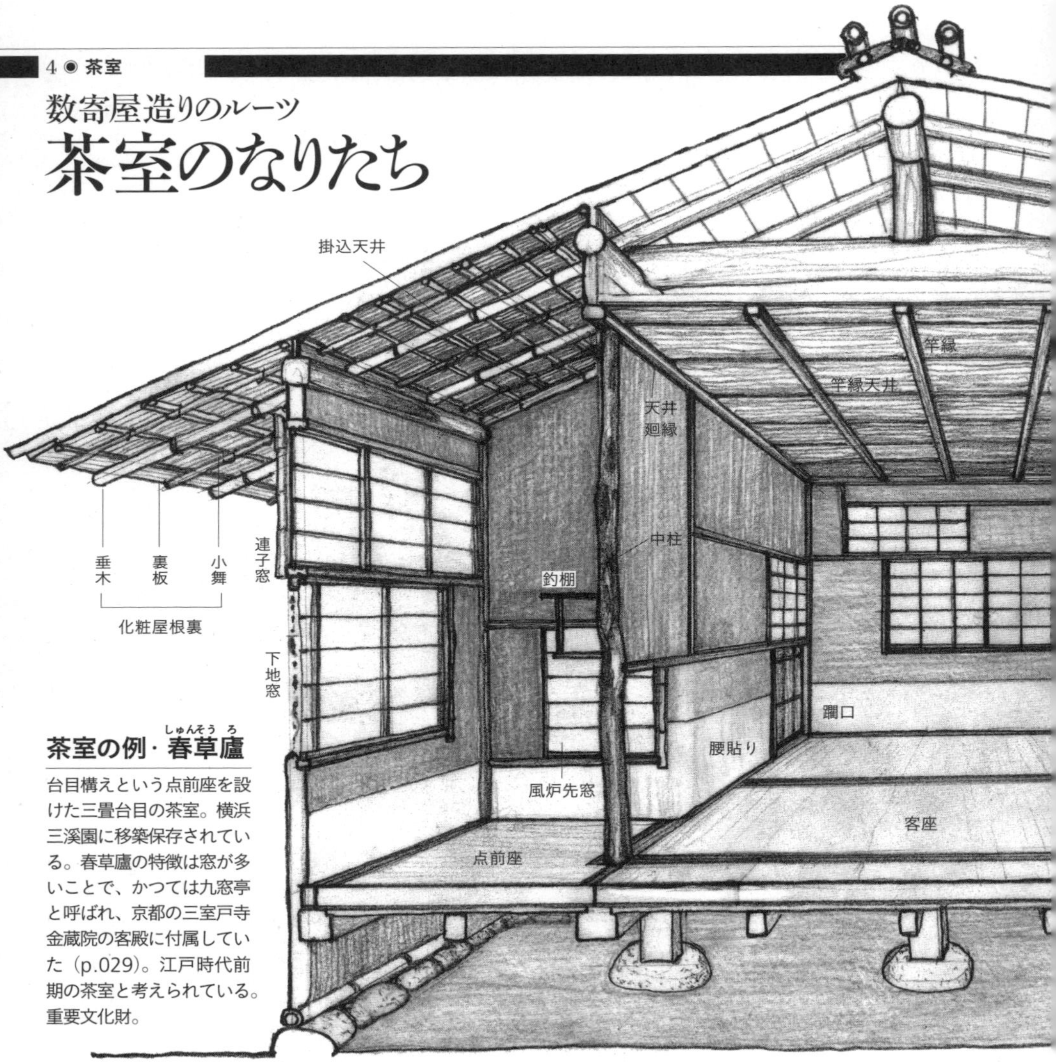

茶室の例・春草廬《しゅんそうろ》

台目構えという点前座を設けた三畳台目の茶室。横浜三溪園に移築保存されている。春草廬の特徴は窓が多いことで、かつては九窓亭と呼ばれ、京都の三室戸寺金蔵院の客殿に付属していた（p.029）。江戸時代前期の茶室と考えられている。重要文化財。

伝統芸能として今日でも広く普及している能・生け花・水墨画・お茶などは、すべて室町時代に起源をもち、もとは中国から移入されたものでした。お茶を飲むだけの習慣であれば世界中に存在しています。お茶を飲む行為がその作法だけでなく、書画・陶磁器・花・庭園を取り込み、特異な形の建築までをもつくってしまったことは驚きです。江戸幕府の大棟梁平内家《へいのうちけ》の秘伝書「匠明《しょうめい》」に「茶の湯座敷を数寄屋《すきや》と名付る事は（天正の頃：筆者注）堺の宗益《そうえき》云始る也」との記述があります。堺の宗益とは千利休《せんのりきゅう》のことです。社寺や御殿をつくった大工棟梁とは異な

る人々によってつくられていたのです。小さな草庵風《そうあんふう》茶室が数寄屋のルーツでした。異端の建築であった茶室が、正統な書院造りに影響を及ぼし変化させてしまいました。それらを数寄屋風書院ともいいますが、総称して「数寄屋造り」と呼び、今日もつくり続けられています。

初期の茶室から草庵茶室への発達

初期の四畳半茶室の想像図
『山上宗二記』では室町時代の茶人武野紹鷗がつくった茶室は四畳半で、角柱を用い、壁は張付け壁で、躙口や窓はない。天井や内法は普通の部屋より低いが、一般的な座敷の住宅と大きくは変わらなかった。

利休がつくり始めた草庵茶室「待庵」二畳
利休は侘びた雰囲気の二畳の茶室をつくった。壁はすべて土壁、天井は平天井に化粧屋根裏を組み合わせ、狭さをやわらげている。垂木など随所に竹を用い、床は土壁を塗りまわした室床で、床柱は杉丸太の面（つら）付け。

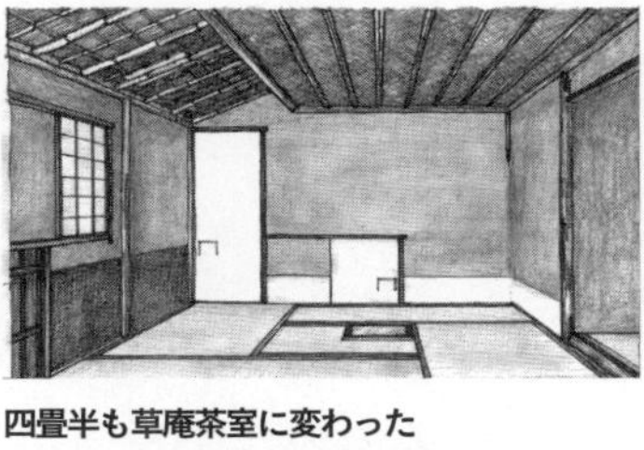

四畳半も草庵茶室に変わった
待庵に見られる侘びた意匠は四畳半にも取り込まれ、草庵風茶室の典型となる。利休の死後、武家茶人により盛んにつくられた茶室も意匠の要素は利休の茶室が基本になっていた。図は裏千家又隠（ゆういん）の室内。

露地がセットで茶室になる

茶室と露地

3·SET　**腰掛《こしか》け・中門《ちゅうもん》・蹲踞《つくばい》**

お茶には「露地《ろじ》・茶室・水屋《みずや》」が必要です。屋外の露地も茶事《ちゃじ》の重要な要素なのです。社会的な立場や日常生活から離れて茶事に集中するために、まず腰掛けで心の準備をし、茶の湯の世界への結界である中門を通り、蹲踞《つくばい》で口をすすぎ手を清め、すべての俗を払って茶室へと入ります。「市中《しちゅう》の隠《いん》・山居《さんきょ》の体《てい》」が理想といわれ、町中の茶室でも露地は山里の雰囲気を大切にします。そのためには苑《えん》路《ろ》が重要になります。自然石の飛石や延《のべ》段《だん》を用い、茶室までの奥深さを演出します。草木は山野の景色のように、また、茶室の姿が木《こ》の間《ま》隠れに見えるように配されます。中門や蹲踞も基本は同じです。

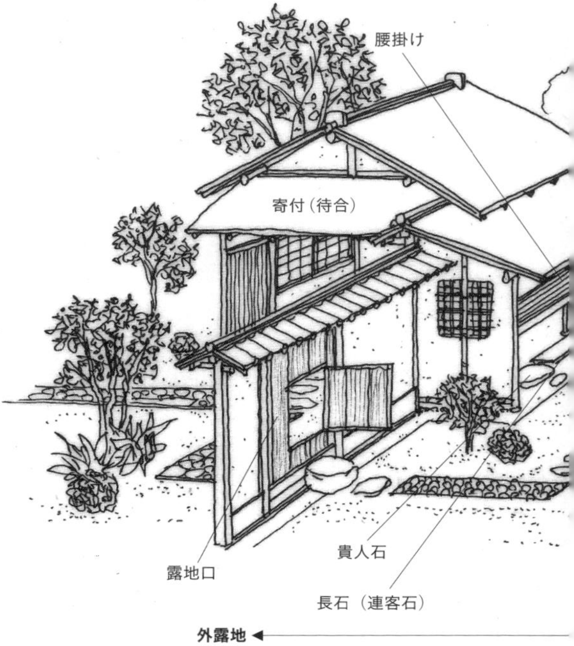

中門《ちゅうもん》のバリエーション

茅門（かやもん）　茅葺きの切妻屋根を用いた門。門の戸は片開きで扉の中に潜りが設けられている。格の高い中門の形式である。

揚簀戸（あげすど）　半部（はじとみ）とも呼ばれ、割竹を籠目に編んだものを竹の棹で支えて開ける。軽妙な意匠で山中の庵にふさわしい。戸は露地の内側にはね上げられる。

茶室と露《ろ》地《じ》の構成例

下図の露地は外露地と内露地が分かれた二重露地。中門は切妻屋根の梅見門で竹格子の両開き戸がつく。

蹲踞《つくばい》の例

手水鉢に役石を併せた構成を蹲踞という。屈んで使う手水鉢の略称である。寒期に湯桶を置く石、夜間の手燭を置く石、人が乗る前石が基本の三石。水を流す所を海と呼ぶ。蹲踞には鉢明かり用の燈籠が添えられる。

枝折戸（しおりど） 門というよりは簡易な仕切りで、侘びた草庵にふさわしい。両脇に掘立柱を立て、割竹を籠目に編んだ戸をしつらえる。図は両脇に四ツ目垣を立て、内外の露地を分けている。

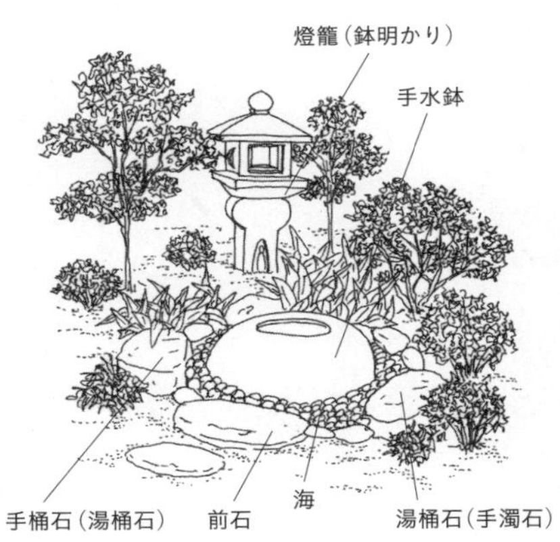

客と亭主を結ぶ
炉を切る

四畳半の例

茶室の基本形、四畳半敷き。床前に客が着座し、亭主は茶道口から点前座に進み、客と相対する。主客の動線は明確に分けられ、炉が主客の間を取りもつ。

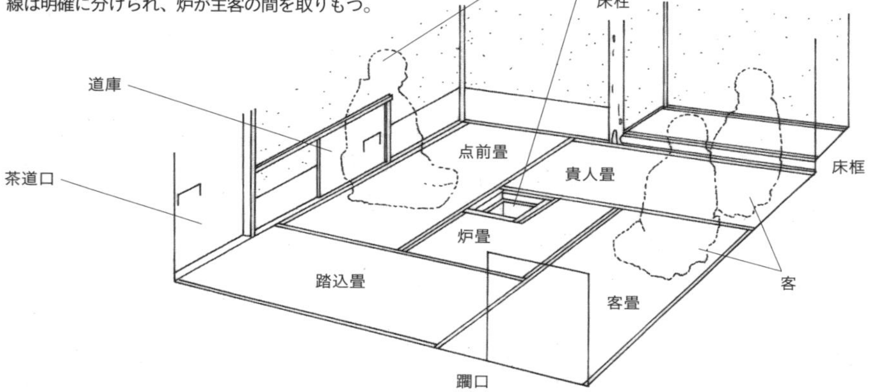

三畳台《さんじょうだい》目《め》の例

中柱付きの台目構えとした小間茶室の例。通常の畳の3/4の大きさを台目畳といい、これを点前畳にすることで、棚物を飾る点前を排除した侘びの点前となる。亭主は炉を介して客座とつながりながらも一歩へりくだった形となる小間ならではの構え。三畳に台目畳を合わせて三畳台目と呼ぶ。

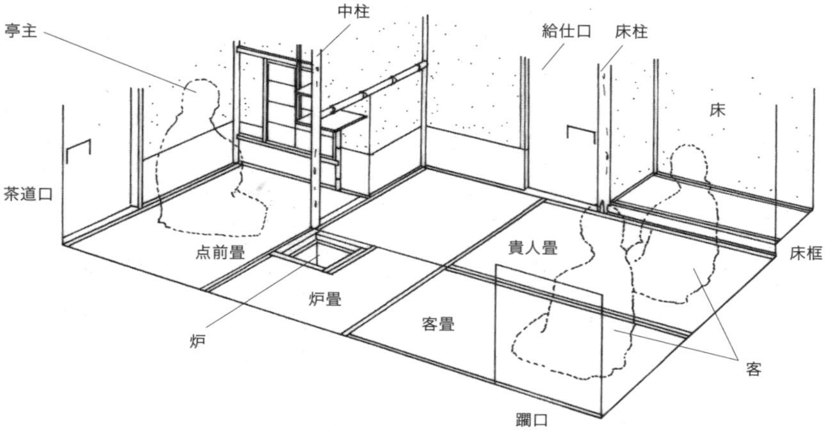

台《だい》目《め》構《がま》え

炉、中柱、釣棚による点前座の構成。台目構えは利休が考案したとの伝えがある。利休の頃は中柱の下まで壁があり、点前座が次の間のように見えたという。

炉《ろ》の構造と釜蛭釘《かまひるくぎ》

炉壇は炉縁をはずし、周りの畳を上げると取り出すことができる。塗り直しに対応するためである。風炉の時期は炉壇の上に畳が敷かれる。天井には吊釜用の蛭釘が打たれる。

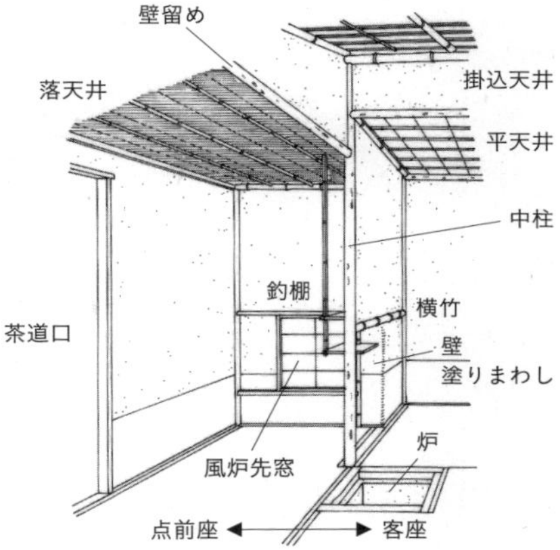

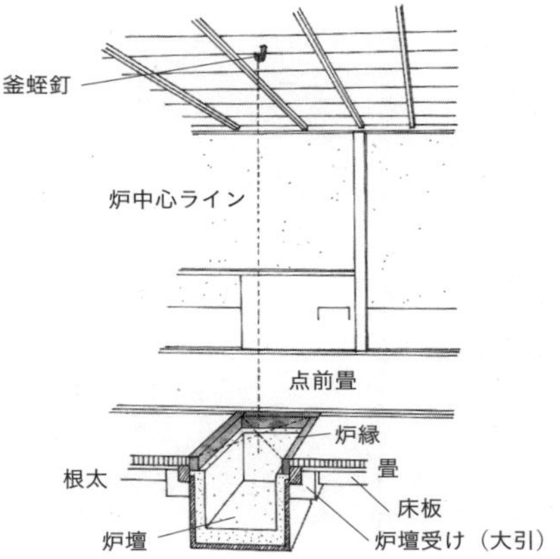

3·SET　点前座《てまえざ》・炉《ろ》・客座《きゃくざ》

茶室の間取りの基本は、亭主が座る点《て》前畳《まえだたみ》と客が座る貴《き》人畳《にんだたみ》・客畳の間に炉を設けることで「炉を切る」といわれます。炉は1年のうち11月から4月までの半年間に用いられ、5月から10月の間は畳の上に風炉《ふろ》を置いて点前をします。

炉の位置によって「出炉《でろ》」と「入炉《いりろ》」に分類され、出炉は点前畳の外側に切る炉のことです。入炉は点前畳に切るもので、畳の左隅に切る場合（隅炉）と右隅に切る場合（向切り）があり、ともに小《こ》間《ま》茶室用の切り方です。狭い茶室ではなるべく窮屈さを感じさせず、客と亭主の関係が疎遠にならないように炉の位置が決められます。

一畳分の畳を「丸畳《まるだたみ》」と呼びます。その丸畳の中心から下位置で隣の畳に炉を切ることを「四畳半《よじょうはん》切り・広間《ひろま》切り」といい、丸畳の中心から上に炉を切ることを「台目《だいめ》切り」と呼びます。台目畳は丸畳四分の三の大きさのものです。「台目《だいめ》構《がま》え」にも用いらます。

また、茶室には小間と広間とがあり、四畳半以下の茶室を小間、四畳半以上を広間に分けます。四畳半はどちらにも使うことができ、茶室の基本形といわれます。小間の茶室は侘びた風情《ふぜい》の草庵風に皮付き丸太や竹など野趣《やしゅ》に富む自然な素材が多く用いられます。少人数のお茶に使われ、亭主と客の間が近いため緊張感が醸し出されます。広間は格式のある書院風茶の湯となり、大勢の客を招き華やかな茶事が行われます。

基本はあるが定形はない

間取りのバリエーション

一畳台目·二畳タイプ

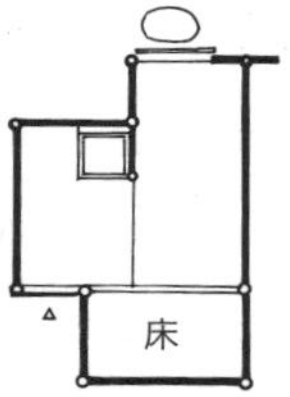

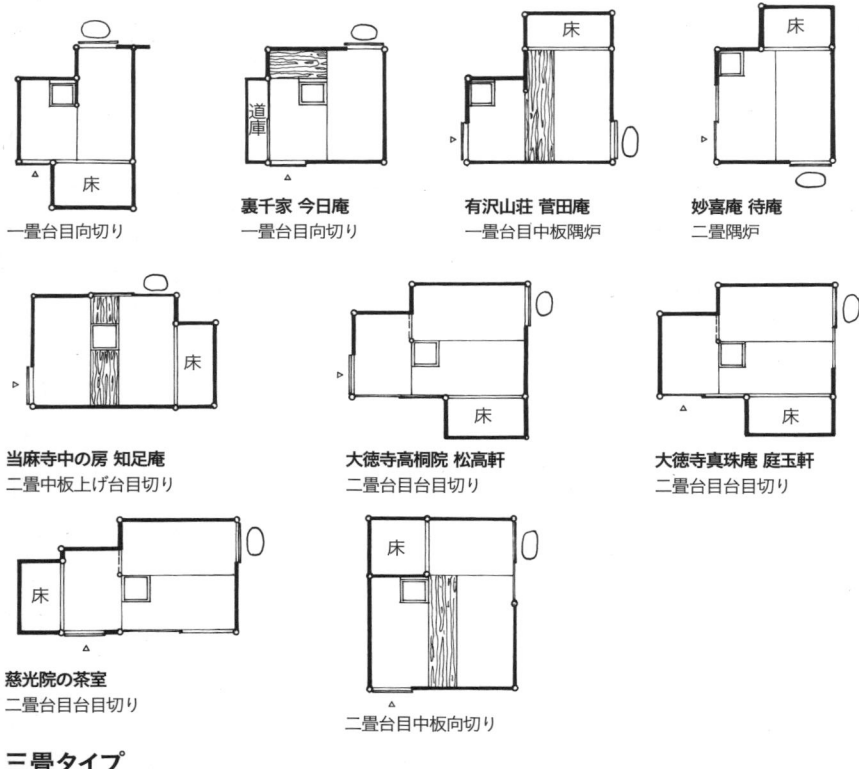

一畳台目向切り

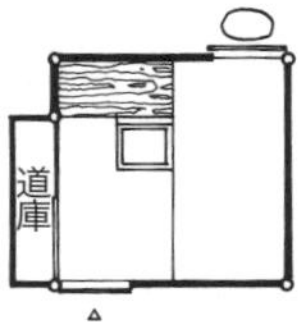

裏千家 今日庵
一畳台目向切り

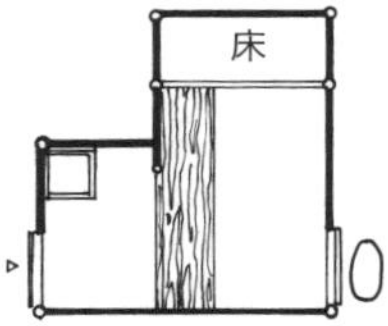

有沢山荘 菅田庵
一畳台目中板隅炉

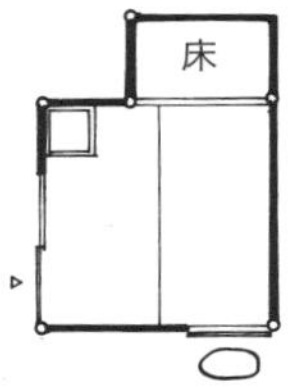

妙喜庵 待庵
二畳隅炉

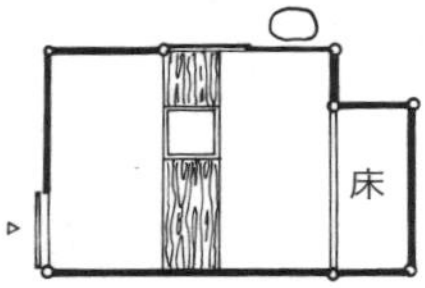

当麻寺中の房 知足庵
二畳中板上げ台目切り

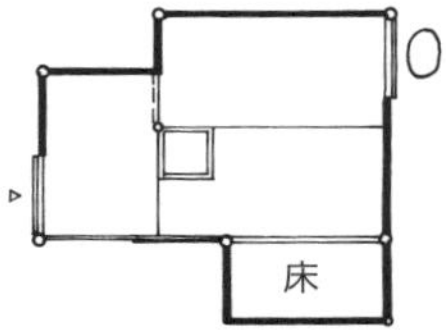

大徳寺高桐院 松高軒
二畳台目台目切り

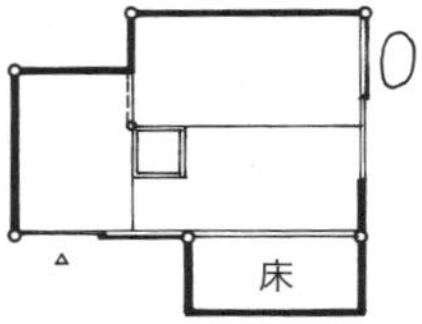

大徳寺真珠庵 庭玉軒
二畳台目台目切り

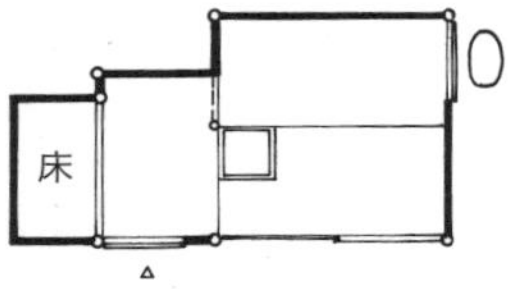

慈光院の茶室
二畳台目台目切り

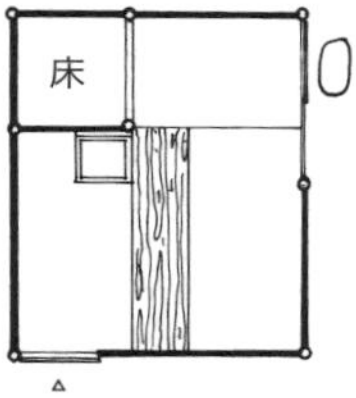

二畳台目中板向切り

三畳タイプ

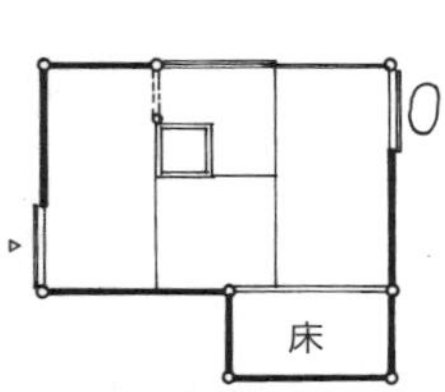

大徳寺聚光院 閑隠席
三畳上げ台目切り

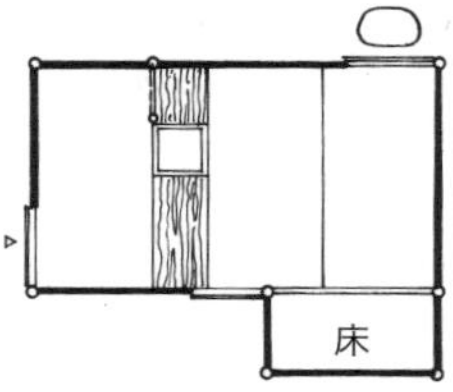

大徳寺玉林院 蓑庵
三畳中板上げ台目切り

如庵
三畳半向切り

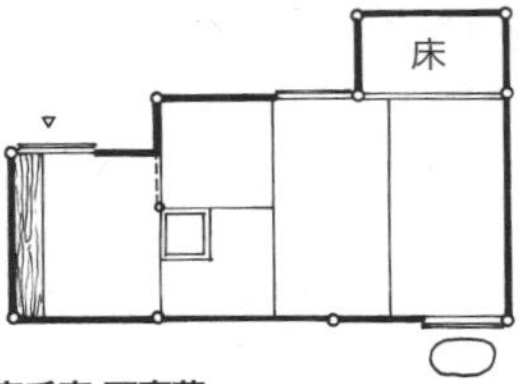

表千家 不審菴
三畳台目台目切り

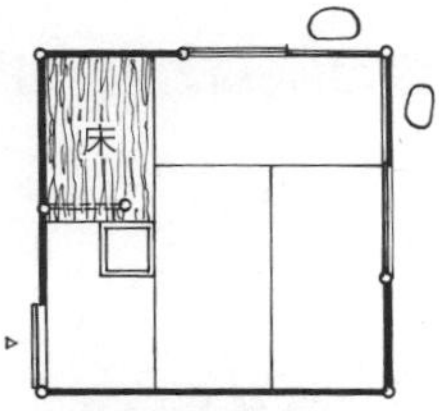

成巽閣 清香軒
三畳台目向切り

三溪園の春草廬
三畳台目台目切り

四畳タイプ

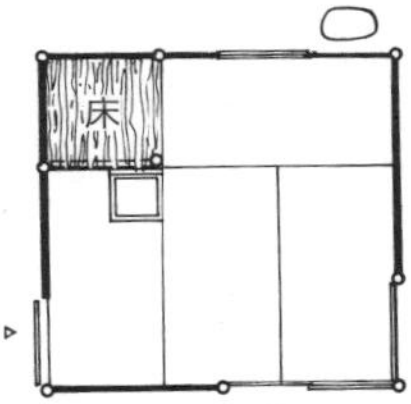

大徳寺聚光院 枡床席
四畳向切り

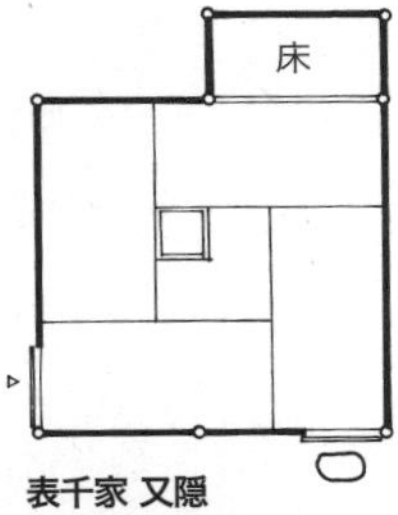

表千家 又隠
四畳半四畳半切り

大徳寺黄梅院 昨夢軒
四畳半四畳半切り

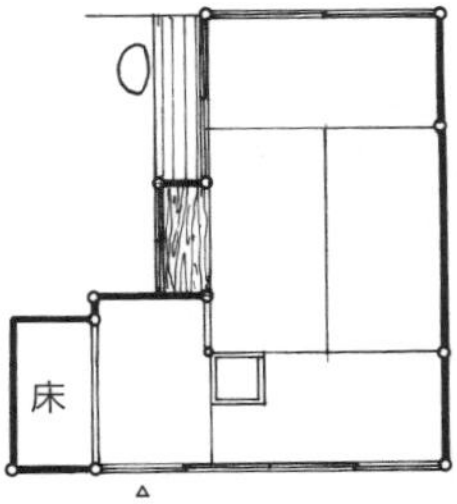

西芳寺 湘南亭
四畳台目台目切り

奈良国立博物館の八窓庵
四畳台目台目切り

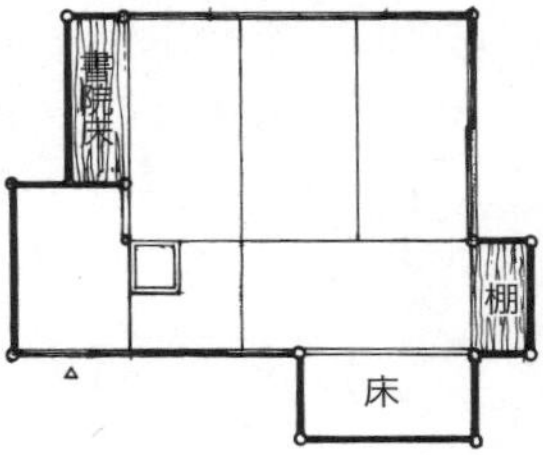

大徳寺龍光院 密庵席
四畳半台目台目切り

3·SET 茶道口《さどうぐち》・躙口《にじりぐち》・床《とこ》の位置

今日、茶室の間取りを考えるときに、その作法や決まりに囚《とら》われ、あまりにも型にはまっているように見受けられます。著名な茶室や文化財として残るような茶室を見ると、たいへんバラエティに富んでいることに気づきます。なかには、現代ではまったく考えられないような茶室も少なからずあります。それらの茶室には、昔の茶人の強いこだわりがうかがえます。数寄者《すきしゃ》とはそういった人たちだったのでしょう。間取りは基本的には茶道口からの亭主の動きと、躙口《にじりぐち》からの客の動きを考え、そのなかに床《とこ》（床の間）をどう組み込むかで決まります。一畳台目《だいめ》から四畳半台目まで、中板《なかいた》なども組み込んで考えると、無数の間取りが可能です。事実、今まで膨大な茶室がつくられてきました。もしかすると、新たな間取りは残りわずかなのかもしれません。

茶室の畳には「床差し」もある

広間の典型

基本の八畳

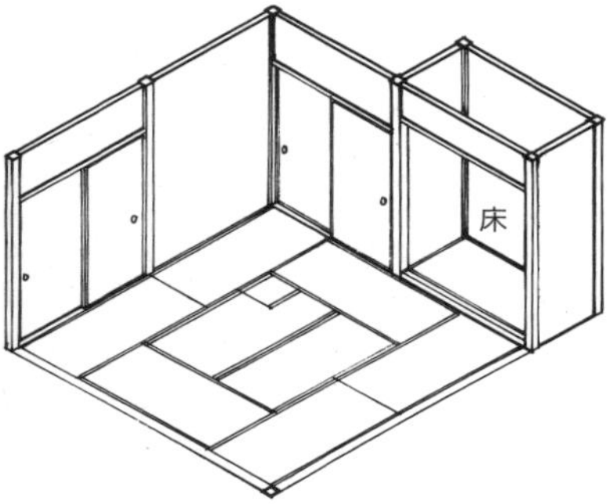

一般的な八畳
一般的な八畳間の茶室例。床の位置は広縁側に寄せて設けられる。床に向かって左手が点前座となり、畳は床差しとなる。

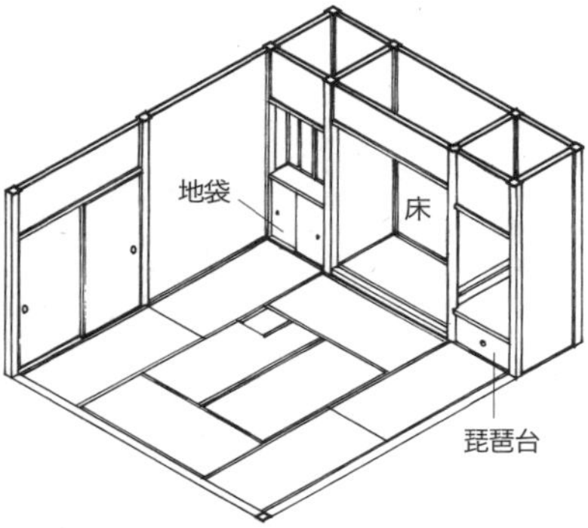

如心斎好みの八畳（花月）
「七事式（しちじしき）」という茶の作法を行うためにつくられた形式。中央に一間床を構え、左右に棚を設ける。地袋、琵琶台とする例が多い。江戸時代中期に表千家如心斎が考案した。

利休がつくった残月の構え

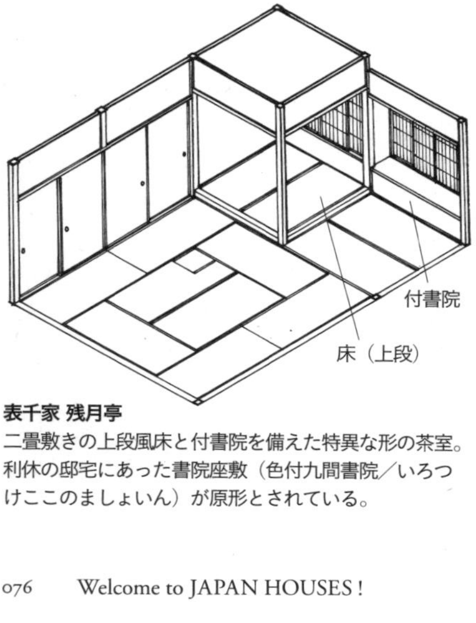

表千家 残月亭
二畳敷きの上段風床と付書院を備えた特異な形の茶室。利休の邸宅にあった書院座敷（色付九間書院／いろつけここのましょいん）が原形とされている。

畳の縁《へり》が床《とこ》に向かって突き刺していることを「床差《とこざ》し」といい、嫌われます。理由は不明ですが、タブーとされています（天井竿縁も同様です）。ただし、茶室では畳の床差しは例外とされています（一般的な八畳を参照）。しかし気になる人もいたのか、床の位置を真ん中に設けた茶室も考案されました（如心斎好みの八畳を参照）。シンメトリーを避けた床構えが一般的ななかで、この床構えはたいへんめずらしく、むずかしいデザインです。

広間の茶室例も多くあるなかで歴史的にも広く参照され、多くの建築家が好んだのが「残月亭《ざんげつてい》」と呼ばれる茶室です。

花月《かげつ》の写し

東京・瀬川邸（旧古市公威邸）の広間の茶室。床を中央に配置し、向かって右側の棚は琵琶台、左側には仏壇をしつらえている。瀬川邸は明治時代に建てられ、以降、さまざまな茶室がつくられた。登録有形文化財。

残月《ざんげつ》の写し

残月亭写しの事例。床前の二畳（写真右手）は付書院が設けられ、喚鐘を吊る。天井は草庵風の掛込天井となっている。床柱は小平（五平／ごひら）と呼ぶ長方形断面が特徴。

簡潔な美しさをもつ床飾り, 道具飾り

茶室飾り

広間の茶室飾り（広間八畳）の例

一間床（いっけんどこ）に琵琶台が取り付く構成。掛軸が掛けられ、花入と香合が飾られている。琵琶台には硯箱が置かれ、その天井からは喚鐘（かんしょう）が下がる。柱に下がっているのは撞木（しゅもく）。点前座には風炉先屏風が立てられ、道具座に風炉と棚が置かれる。棚には水指（みずさし）が飾り付けられ、その前に棗（なつめ）と茶巾の仕込まれた茶碗が置かれている。

（左座園・常楽軒）

小間の茶室飾り（小間四畳半）の例

床の壁中央に竹の掛花入が飾られた四尺床（四尺幅）の床飾りに、風炉を置いた構成。茶事でいう後座の飾りである。小間の点前では一般に棚は用いない。水指や茶碗、茶入など、亭主が道具を運んで点前を行う運び点前の飾付け。いわゆる侘びの点前である。（左座園・龍華庵、上写真とも設計/前田伸治［前田伸治＋暮らし十職］）

茶室に不可欠なバックヤード

水屋

水屋《みずや》の例

茶室の裏方には水屋が備わっており、点前に必要な道具はここですべて用意される。棚の下は竹の簀子張りになっており、茶碗などを洗えるようになっている。柱には布巾や雑巾を掛ける竹釘が打たれている。手前の床には炭を収納するための炭入も備わる。戸棚は茶道具などを収納するため。

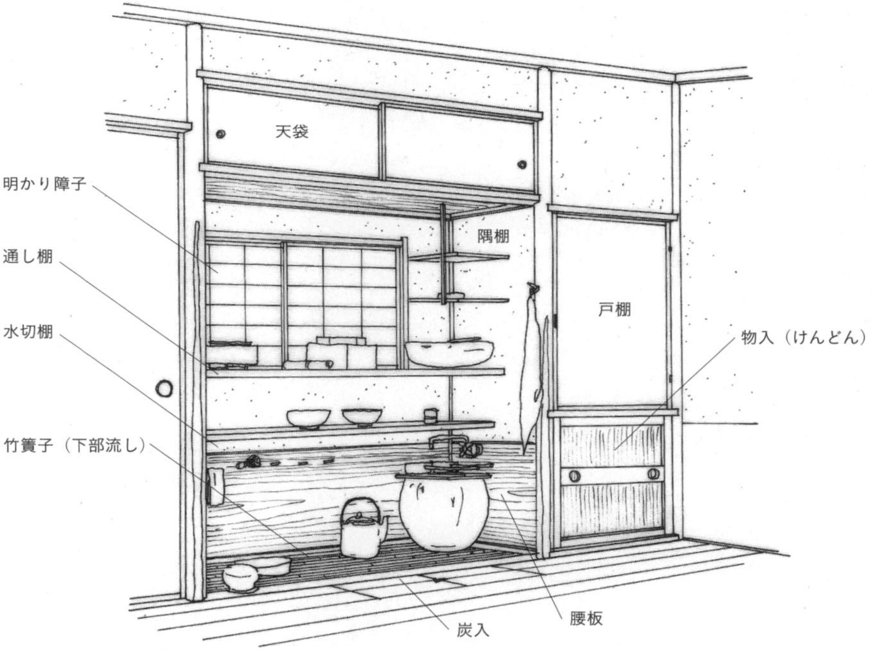

3·SET 流し・棚・戸棚（収納）

水屋《みずや》は茶室に不可欠な施設です。茶事《ちゃじ》ではさまざま道具が用いられます。点前《てまえ》を周到に行うため、事前に準備をする場所が必要となり水屋が設けられました。その広さや設備は茶室の造りによって変わり、決まった形はありません。水屋の造りや道具の並べ方は、流派や流儀によって異なります。もともと裏方であった水屋が「水屋飾り」の形式に整えられたのは「水屋拝見」の作法のためです。一般に、流しの上に竹簀子《すのこ》を設け、水屋壺や建水《けんすい》などを置きます。道具を置くための棚は、簀子棚と二重棚を数段に組み合わせて設置します。そのほかに炭道具などを収納する戸棚も用意されます。

マンションにも気楽に茶室を

今でも茶室をつくりたいという方はいるのですが、その茶室をつくるには少し面倒なことがあります。

一つは、流派による作法やしきたりの違いです。しかし、茶室の建物をつくるにあたっては、それほど大きな問題ではなく、茶室の基本は同じです。

二つめに「手間のかかる仕事」があります。「本格的な茶室」などといわれるものは、わざと手間をかけるように考えられているようにも見えます。江戸後期には「外見質素《しっそ》に見えても、かえって工手間等相懸《あいかか》り候《そうろう》　茶席同様の好事《こうず》の普請《ふしん》もこれあり候」として、禁令が出されました。江戸時代から手間のかかる仕事だったのです。

そうなると三つめに問題となるのは、これからも茶室をつくっていけるのかということになります。現在、工事費でもっとも大きな割合を占めるのは工賃、人《にん》工《く》手間の人件費です。それに銘木《めいぼく》といわれる高価な材料が加算されれば大変です。そう簡単にはつくれません。あまりに特別な建物になってしまうと、茶室も過去のものになってしまいます。

本格的なものでなくても、お茶を楽しめるそれなりの茶室ができないのか。そこで工夫と能力が必要になります。マンションやビルの一部屋なら、屋根もなく、それほど大げさにはなりません。茶室の天井は低いので、床下をつくり、なんとか炉壇《ろだん》も設置できます。邪魔なのは天井からはみ出る梁形ですが、それも工夫次第です。

気楽に茶室をつくり、気楽に楽しんでいただくことが肝心です。

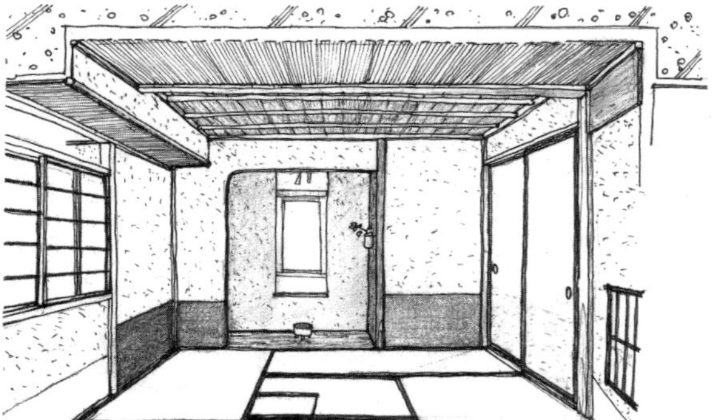

Y邸茶室　千葉県浦安

5 民家

Minka: Farmhouses & Townhouses

木下杢太郎記念館　座敷の戸棚

民家には3つの床がある

民家のなりたち

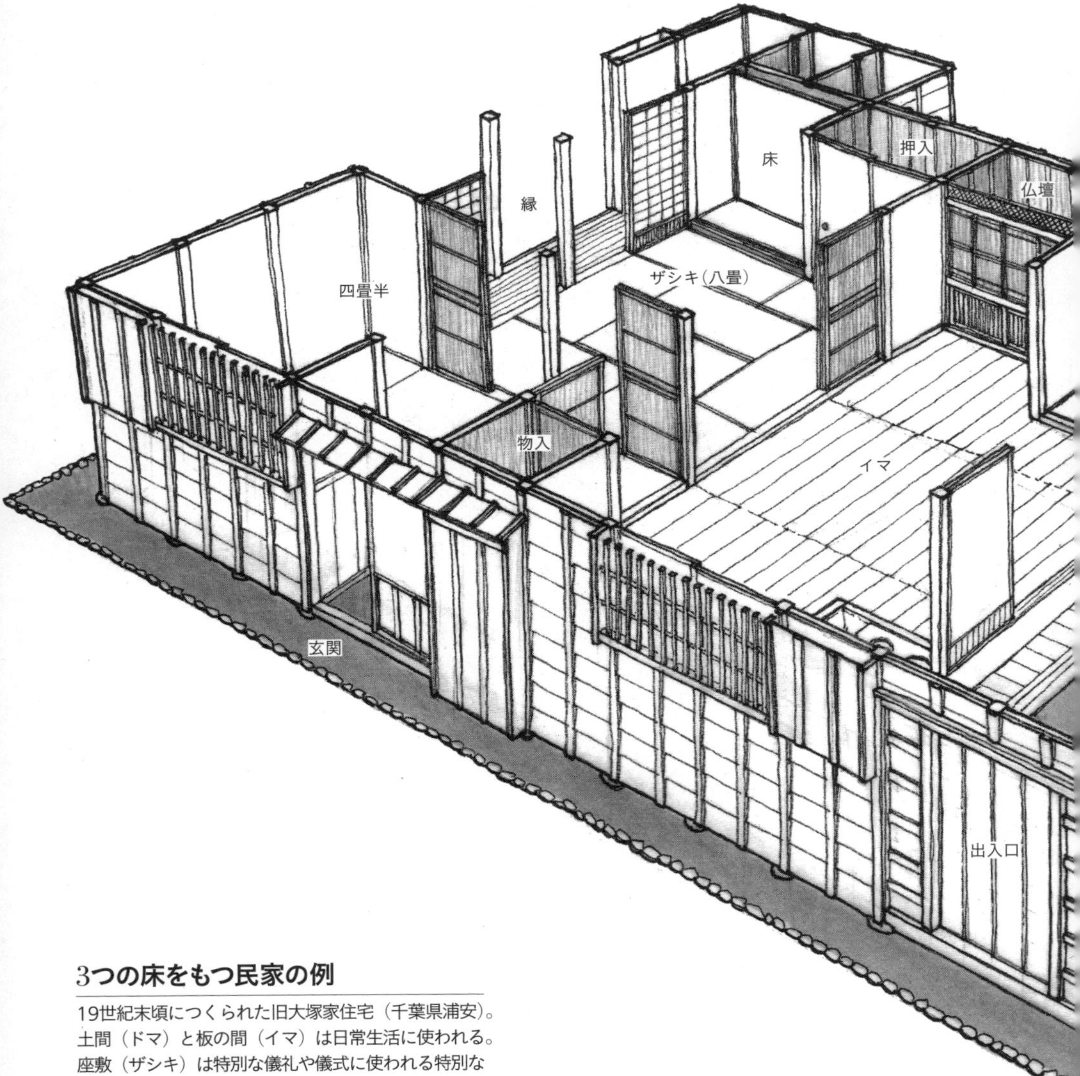

3つの床をもつ民家の例

19世紀末頃につくられた旧大塚家住宅（千葉県浦安）。土間（ドマ）と板の間（イマ）は日常生活に使われる。座敷（ザシキ）は特別な儀礼や儀式に使われる特別な部屋だった。玄関は座敷に上がるための出入口で、来客が使うために設けられている。普段はドマへ通る出入口が使われた。

3·SET　土間《どま》・板《いた》の間《ま》・座敷《ざしき》

日本の住宅建築は、貴族住宅の高床《たかゆか》と庶民住宅の土間とを両極に、さまざまな度合いで混合し、さらに大陸からの影響のなかで進んできました。建築の変化には、急激なものとゆっくりとしたものとがあり、民家の3つの床「土間・板の間・座敷」は、ゆっくりとした変化の典型です。民家の床はそもそも土間だけでした。縄文時代の竪穴住居からそれほどの変化もなく、昭和初期まで土間だけの民家が存在していた地域もありました。その民家建築の長いゆっくりとした変遷のなかで、支配階級のものであった寝殿造りの高床（板の間）と、書院造りの座敷を取り込み、そのままに共存させ、手放すことはありませんでした。まるで生活様式の収蔵庫のようです。

明治以降の西洋化と近代化のなか、その表層はさまざまに変化しました。しかし、庶民の住宅は洋風もモダーンも貪欲《どんよく》に取り込みながら、靴を脱ぐ生活をやめようとはしません。気候風土や生活習慣と密接につながった住宅は、簡単に模倣することができず、根強い伝統を残すものです。3つの床は現代にも生き続けています。

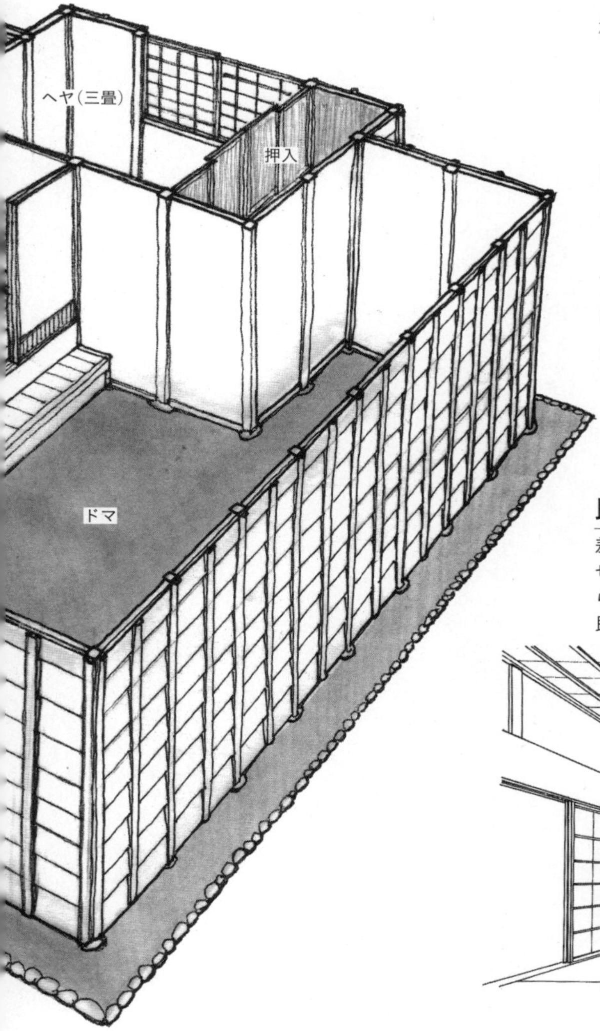

民家の座敷を特徴づける差鴨居《さしがもい》

差鴨居は民家にだけ見る特異な部材である。梁ほどのせいのある部材で、柱にほぞ差しで取り付けることからの呼称。書院座敷が民家につくられた反動として、民家らしさを強調した表現が求められた。

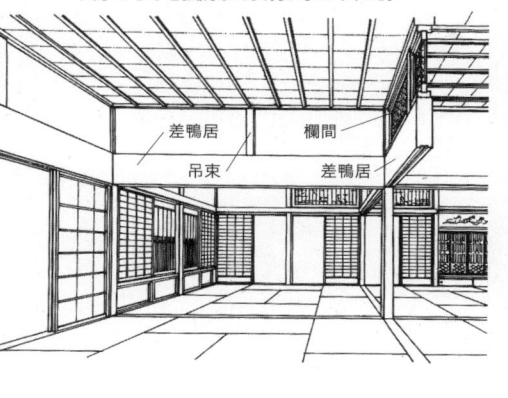

場所と時代で変わってきた
農家の間取りと造り

広間型プラン

広間型三間取りは全国に広く分布する。箱木家は千年家と呼ぶ室町末の旧家で古い間取りを示す。

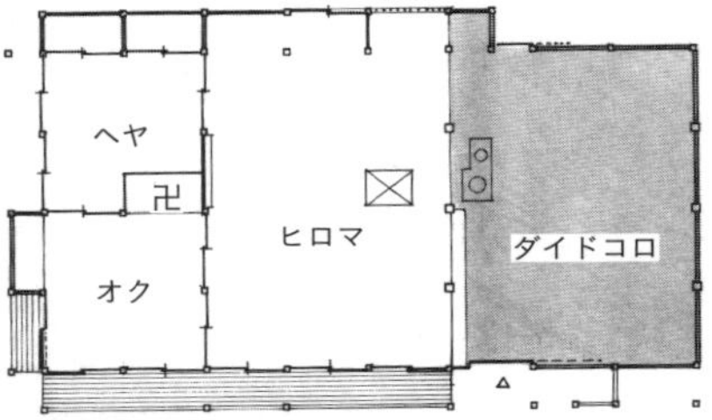

広間型三間取り（北村家）

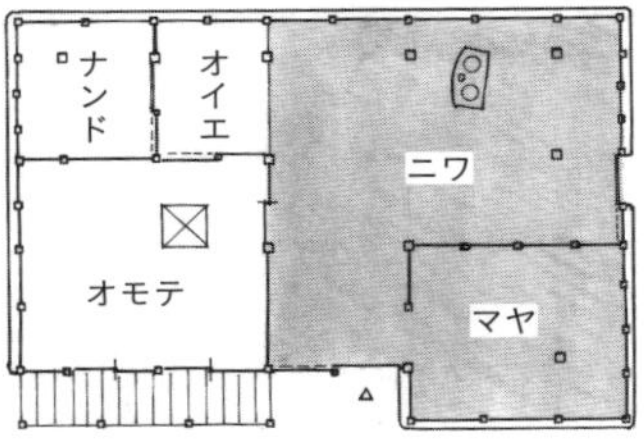

前座敷型三間取り（箱木家）

四《よん》間《ま》取《ど》り（田の字型）プラン

民家の代表的間取り。三間取りからの改造例も多くその発展型ともいわれるが、地域差がある。

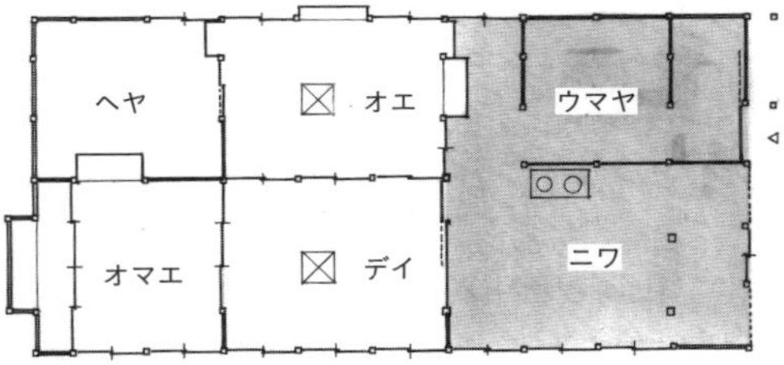

四間取り（江向家）

間取りタイプ

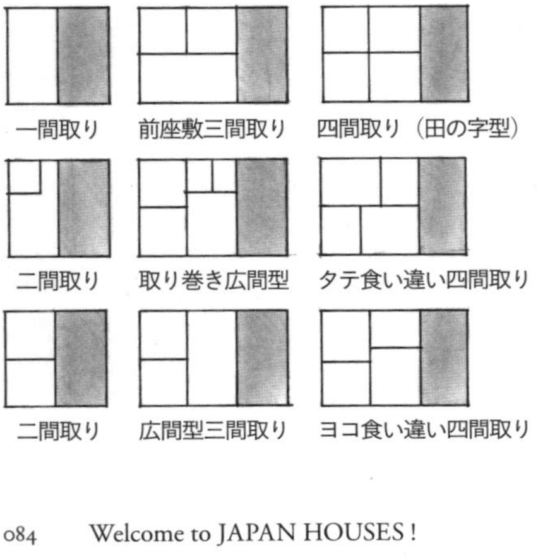

一間取り
前座敷三間取り

二間取り
取り巻き広間型
タテ食い違い四間取り
二間取り
広間型三間取り
ヨコ食い違い四間取り

農家の間取りにはある程度の共通性があり、類型といわれるものがあります。「広間型」と「四《よん》間《ま》取《ど》り（田の字型）」がその代表的なものといわれています。土間に接して広い部屋をもつ広間型が古く、四間取りは広間型からの発展型であり、近世民家の完成型ともいわれてきました。しかし、それぞれの地域や社会階層により多種多様な間取りがあり、時代による変化も地方ごとに大きく異なります。

屋根形・造りのバリエーション

高八方（たかはっぽう）
山形県出羽（旧渋谷家）

カブト造り
群馬県（旧富沢家）

本棟造り
長野県塩尻（旧堀内家）

大和棟
奈良県

曲り屋
岩手県遠野（旧菊地家）

分棟型
千葉県九十九里（旧作田家）

クド造り
佐賀県

農家の建物でもっとも目立つのは屋根形です。固有の名称をもつ地方独自の形には、それぞれ成立の理由がありました。「本棟造《ほんむねづく》り」「大和《やまと》棟《むね》」などがつくられた理由は、地主や庄屋などの家柄や格式を表現したものです。南部藩の奨励により屋内での馬の飼育を兼ねた「曲り屋」、住まいと炊事用の釜屋とに分けた「分棟《ぶんとう》型（二棟造り）」、台風に備えた「クド造り」など、外的、機能的条件によるものもあります。

もう一つは新しい産業による影響で、「高八方《たかはっぽう》」や「カブト造り」などは養蚕《ようさん》による影響でした。

養蚕のために大きな屋根裏がつくられた

合掌造りの変化

合掌造《がっしょうづく》りの旧矢箆原《やのはら》家

旧矢箆原家は岐阜県荘川村にあった民家で、御母衣ダム建設によって湖水に沈む集落から昭和35年（1960）に三溪園（横浜市）に移築された。屋根裏は養蚕のための大きな空間で、3層に分けて使われた。

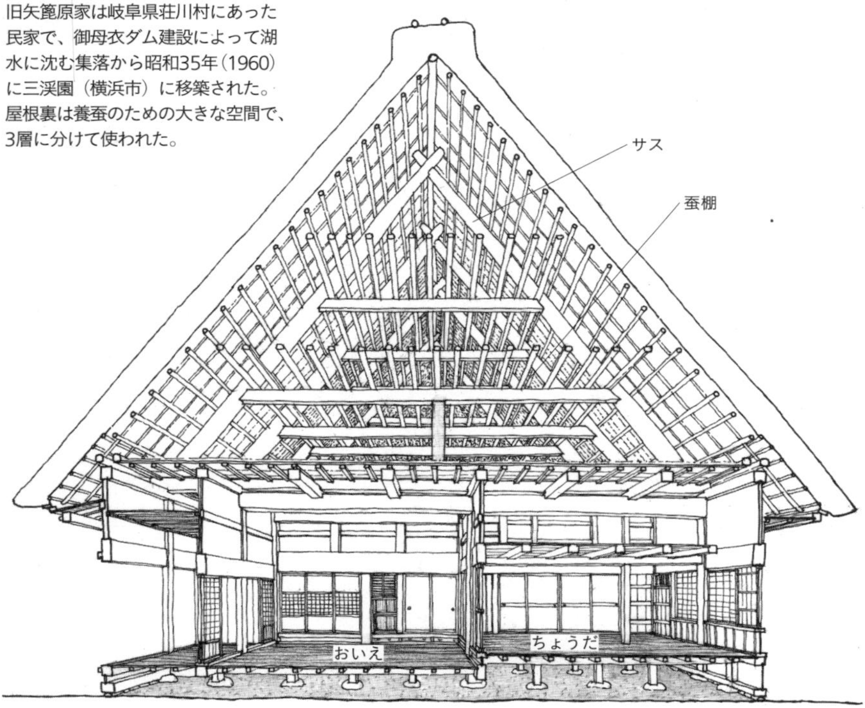

江戸時代、農家は副業を営みました。各地での特産品生産も盛んになりましたが、その副業が建物の形を大きく変えることはありませんでした。しかし、養蚕《ようさん》だけは例外でした。広い作業場所が必要な養蚕では、小屋裏を利用することがもっとも簡易な方法でした。通風や採光も必要になりました。結果、各地にさまざまな形の養蚕農家がつくられました。広く知られているのは飛騨白河から越中五箇山地域の「合掌造《がっしょうづく》り」です。小屋梁を山形に組んだ形を合掌組と呼び、その斜材が合掌（サス）です。大きな合掌材を急勾配に組み、2層、3層に横材で繋《つな》ぎ簀子《すのこ》床《ゆか》をかけ蚕棚《かいこだな》にしました。同じ地域の合掌造りでも集落の違いで形が異なります。

飛騨地方の合掌造り3タイプ

合掌造りのもとの形は板葺き石置屋根であった。江戸中期以降に合掌造りへの変化が始まった。庄川沿いの3地域で異なる形がつくられた。

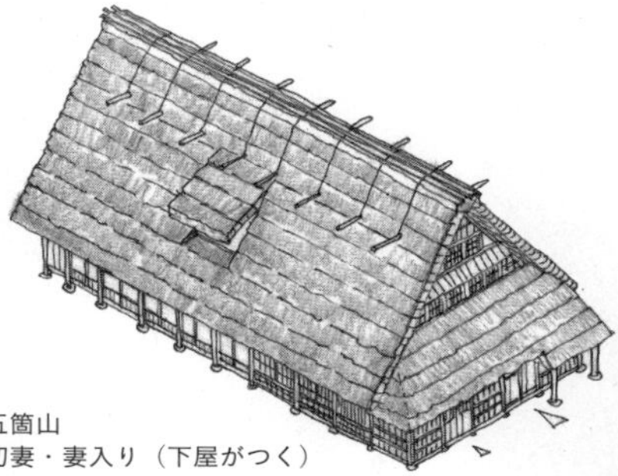

五箇山
切妻・妻入り（下屋がつく）
（旧江向家住宅）

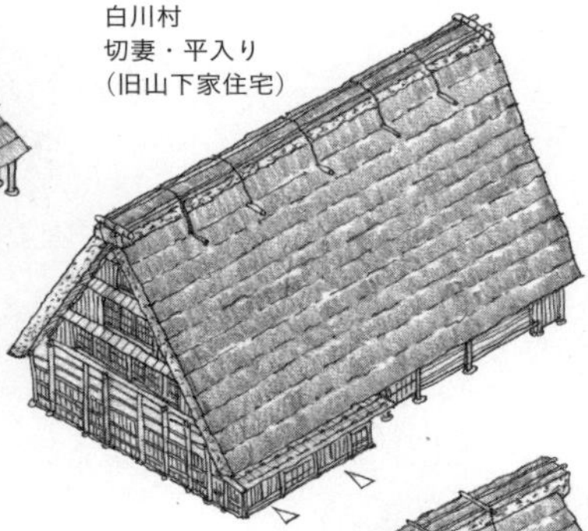

白川村
切妻・平入り
（旧山下家住宅）

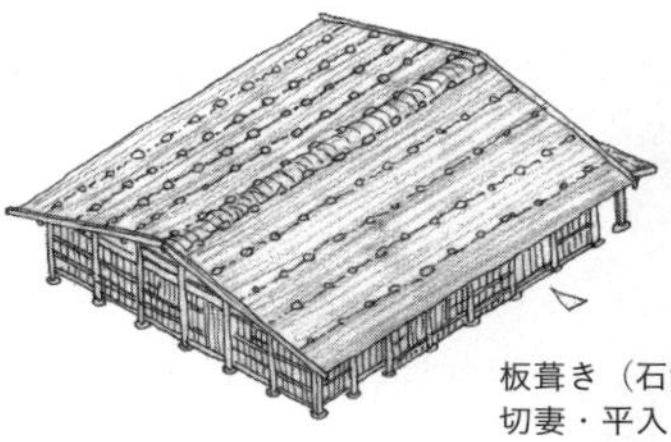

板葺き（石置き）
切妻・平入り
（旧田中家住宅）

荘川村
入母屋・平入り
（旧矢篦原家住宅）

旧矢篦原家住宅平面図

19世紀前半の建築と考えられ、合掌造りのなかでもひときわ規模が大きく、とくに座敷部分が発達した平面をもつ。うまや（土間）、おいえ（居間）、だいどころ、ちょうだ（寝室）などは日常生活の場。玄関を挟んで北側にはおくざしきをはじめ、三間続きの座敷が設けられている。

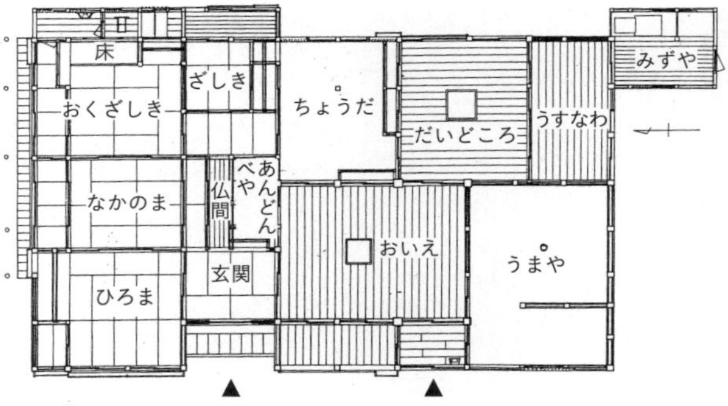

町並みをつくる伝統的な都市型住宅
町家

町家の町並み　町家建築が軒を連ねて建ち並ぶ景観を「町並み」と呼ぶが、その姿は濃密な共同体意識の表われでもあった。同じような建物をつくることも、町の構成員に参加する意識の表明であった。規制により立ちの低い2階屋をつくり、ツシ2階と呼んだ。日本中に城下町、宿場町、商家町、郭などさまざまな町並みが残っているが、古くても1600年代初期、多くは江戸後期から明治大正期の町である。近年、「重要伝統的建造物群保存地区」制度が制定され、保存整備されてきた。

滋賀県近江八幡の商家（重要伝統的建造物群保存地区）

「通り庭」型／町家の基本的なプラン

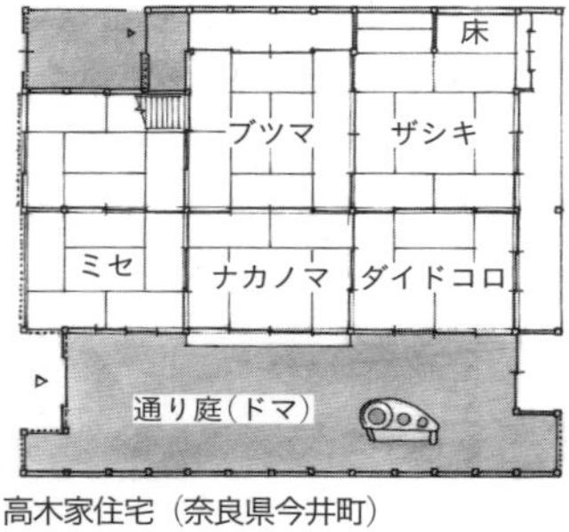

高木家住宅（奈良県今井町）

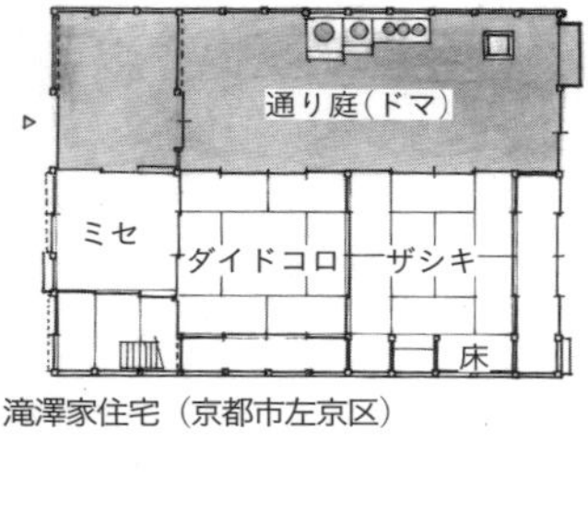

滝澤家住宅（京都市左京区）

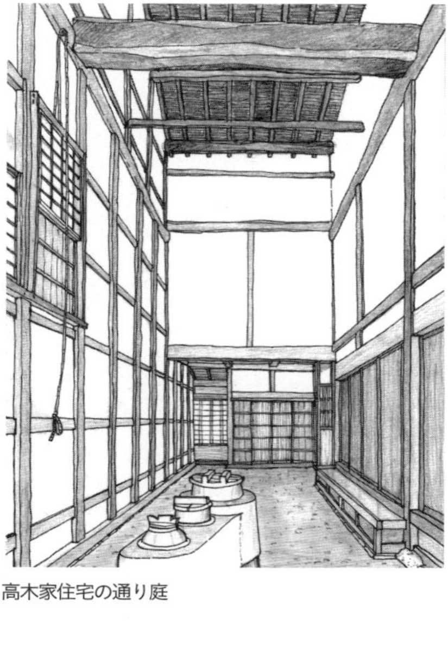

高木家住宅の通り庭

表家《おもてや》造《づく》り

京都、大阪から西日本に見る店舗棟と住居棟を分離した造り。規模の大きな商家に多い。川越の蔵造り商家も類似した造りである。

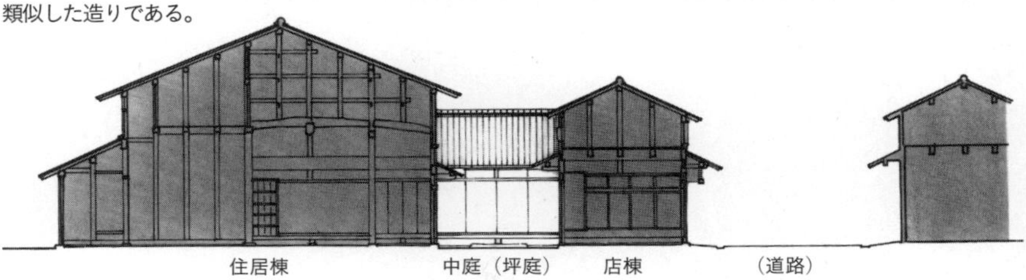

うだつ

隣家との間の妻壁を一段高くつくり、小屋根をつけたもの。防火用との説もあるが、絵巻や屏風に描かれたものには板葺きのうだつが多いことから、防火用ではなく、家の格式を示すものと考えられる。「うだつが上がる」の語源。図は、江戸図屏風での神田筋違橋北岸に並ぶ町家(店舗)の様子。江戸初期のうだつがついた家並みが描かれている。

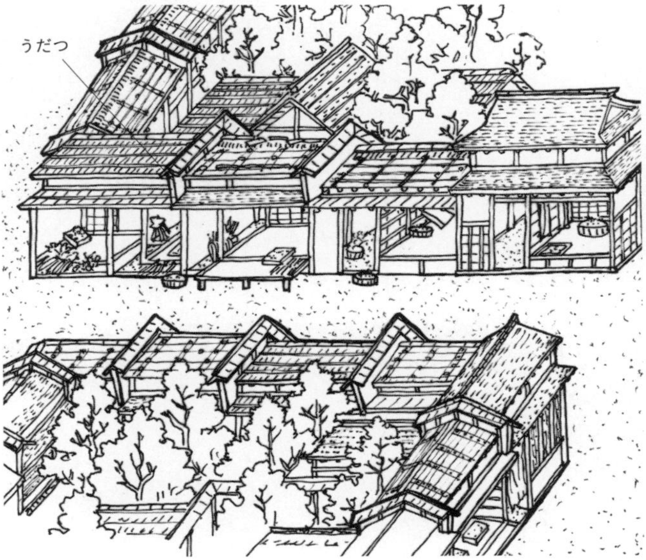

町家は、おもに商工業活動を中心とし、通りに面して隙間なく建ち並んだ都市型の住宅タイプです。農家のような地域ごとの差は少なく、京都や江戸の町をモデルとした「小京都」「小江戸」と呼ばれる、中央志向の強い建物でした。その間取りも、通りに面してミセと入口を設け、「通り庭」土間に面して三間続きの部屋が1列か2列に並んだプランが基本型です。ツシ2階と呼ぶ立ちの低い2階があり、格子付きの虫籠窓《むしこまど》が通り側に面して設けられました。間口が狭く奥行きが深い敷地では、真ん中の部屋の環境はよくありません。次第にミセ部分と住まい部分を分け、中庭をつくり採光と通風も確保し、構造的にも分棟《ぶんとう》型となりました。この「表家《おもてや》造《づく》り」の町家が京都の「坪庭のある町家」として普及しました。

土で塗り込めた耐火建築
蔵造り

蔵造りの町並み　埼玉県川越。江戸時代に幕府により城下町として整備され、後に商家が建ち並ぶ町となった。数度の大火に見舞われており、明治26年（1893）の大火で商家の1/3を焼失後、現在の蔵造りが建てられた。（重要伝統的建造物群保存地区）

蔵造《くらづく》りの構成

蔵造りは社会ストックとしても優れた建築タイプである。骨太の木材を用い、土壁を厚く塗り、漆喰で仕上げる。2階も立派になり蔵座敷と呼ばれる。

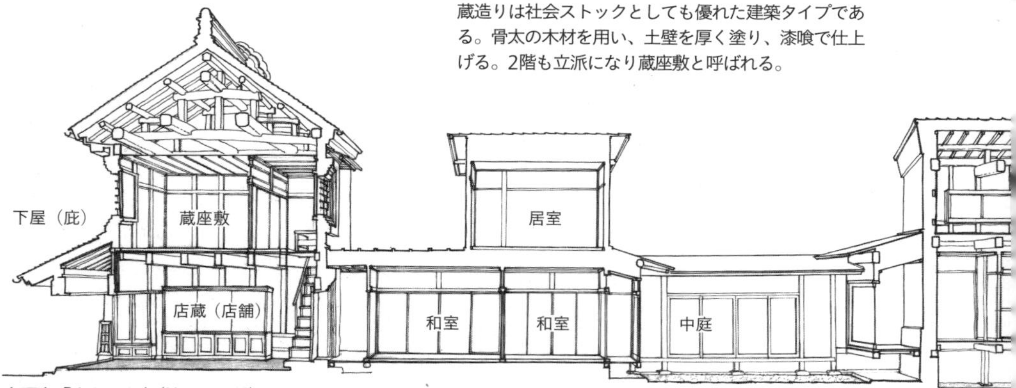

宮岡家「まちかん」（埼玉県川越）

3·SET　蔵造り・塗屋《ぬりや》造り・焼屋《やけや》造り

蔵造りは、度重なる大火に見舞われてきた江戸を中心につくられた住宅タイプです。蔵は本来食料や家財を格納保存するための建物で、コストのかかる建物です。家全体を蔵造りにすることは大変です。財産である商品を置く店部分と2階座敷だけを蔵造りとし、住まい部分は普通の木造でした。明治以後の蔵造りの町家では、通りに面した平入り店蔵《みせぐら》の隣に、

塗《ぬり》屋《や》造《づく》り

奈良県今井町などに見る近世初期につくられた共同防衛的町家集落で、城郭建築からの影響による瓦葺き屋根と、漆喰塗り大壁仕上げの町家建築。一見、蔵造りにも見えるが、防火よりは防衛的な造りが主である。写真は奈良県今井町の豊田家。重要文化財。（重要伝統的建造物群保存地区）

そで蔵

通りに面し平入り町家の残地につくられた小さな蔵がそで蔵で、妻面を通りに見せ、平と妻が組み合わされた形が広まった。店蔵を大小組み合わせた「えびす造り」と呼ぶ例もある。

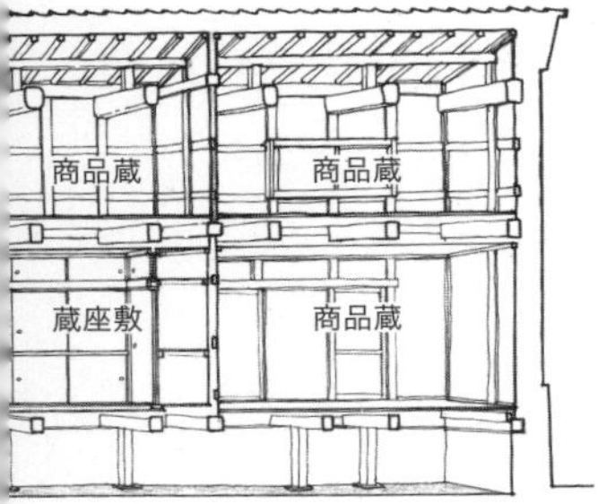

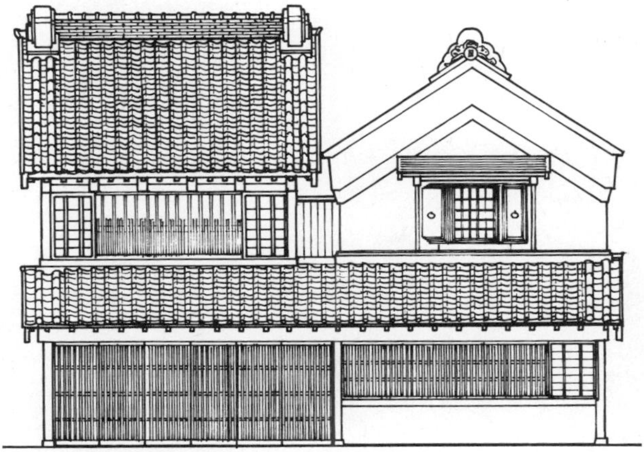

野村家住宅（茨城県土浦）

妻面を向けた「そで蔵」をつくることで防火性を高め、近代の店蔵造りの典型となりました。関西では、近世初期から城郭建築の影響を受け「塗屋造り」の防衛的な町家集落がつくられました。

蔵造りは壁土の塗厚が15cmから30cm、塗屋造りは5cm程度でした。江戸時代の記録に、地主豪商の「蔵造り」、借地家持は「塗屋造り」、庶民の家は「焼屋造り」と記されていました。悲しい現実です。

火を絶やさない民家の暮らし

囲炉裏とかまど

五箇山《ごかやま》農家の囲炉裏《いろり》まわり

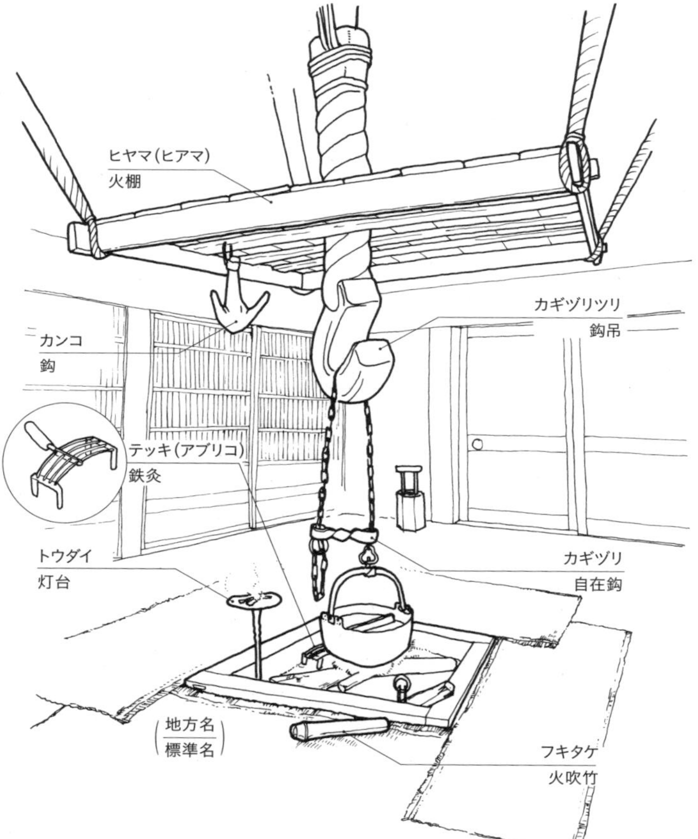

テッキ　下で細い枝や藁を燃やし、上に餅やおにぎりを乗せて焼いた。
トウダイ　ランプが使われる前はこの上で細かく割った松を燃やして明かりにした。

3·SET　囲炉裏《いろり》・カマド・明かり

民家の重要な要素に「火」があります。火には暖房と炊事と照明の用途があり、暖房・照明を兼ねた囲炉裏と、炊事用のカマドに機能が分かれました。照明とはいっても木材の火を光源としている時代は、かがり火や松明《たいまつ》程度で、室内用照明として行灯《あんどん》や燭台《しょくだい》がつくられるのは灯油や灯芯、蝋燭《ろうそく》が普及してからのことです。

カマドは意外に古く、弥生時代からつ

カマド

食料煮炊き用の設備。カマドには釜がつき、ドは所で釜を置く所を意味する。地方さまざまな形式がある。

明かりと暖具

バンドコは囲炉裏から燃えさしの薪を小さく砕いて入れ、布団をかぶせて暖をとるもの。

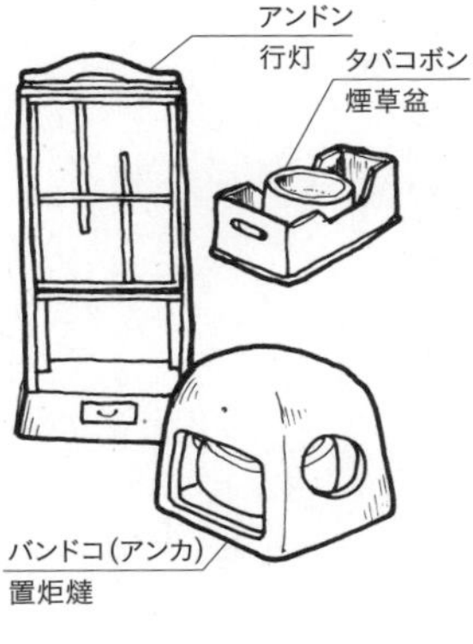

食事用具

オヒツノツブラは藁を編んだもの。ハコゴゼンは一人前の食器入れとお膳を兼ねる。蓋を返すとお膳になる。

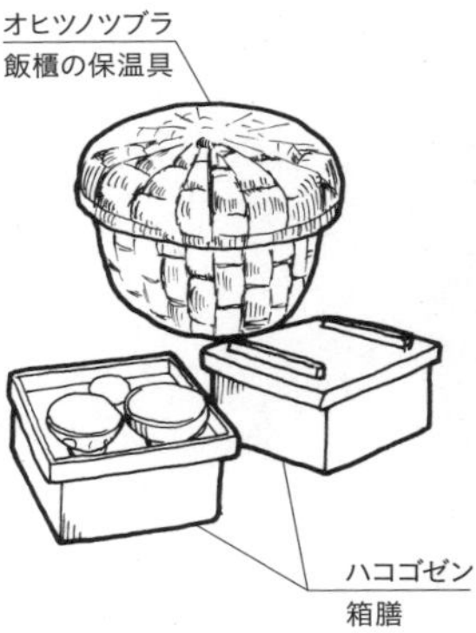

流し

民家の流し作業は立地環境によりさまざま。江戸時代から箱形の台所流しが使われるが地方への普及は遅い。

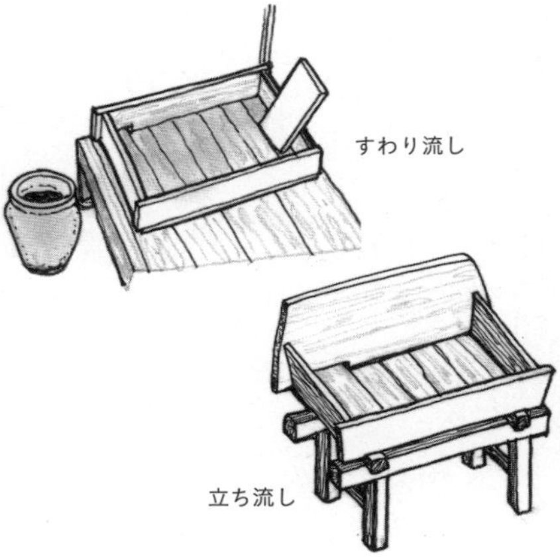

くられていたようです。農家での日常生活の中心は囲炉裏でした。一年中火が焚《た》かれ、その熱と煙は茅《かや》屋根を乾燥させ、燻《いぶ》すことで防腐防虫の効果がありました。囲炉裏上の火棚は、火の粉を小屋裏へ上げないための防火用と、濡れた雪靴や衣類などを乾かすための装置です。囲炉裏での主人の座を「ヨコザ」と呼び、カマドや風呂場が一目で見える位置でした。火の管理は主人の役目でした。

古民家はあこがれの的

民家の変遷

甲州塩山《えんざん》型切妻民家の変遷

江戸時代中期

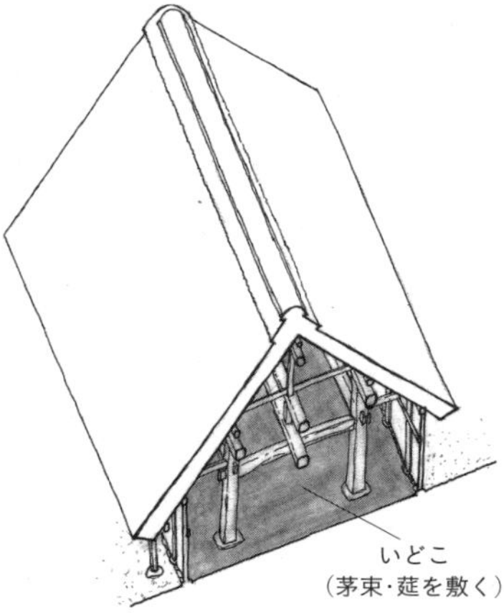

17世紀末、養蚕の導入前／旧広瀬家住宅
旧広瀬家住宅（重文・川崎市立日本民家園）は、復原される前は「切り破風造り」の屋根形に改造されていた。復原調査の結果、1600年代末から1700年代初め頃の建築と判明。甲州民家の古式を残す貴重なものである。当初から茅葺き切妻屋根であったことは興味深い。

江戸時代後期

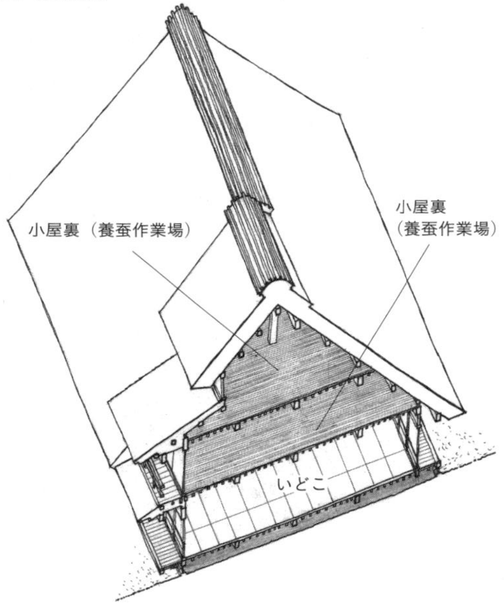

18世紀、養蚕導入後／旧高野家住宅
甲州塩山周辺では1700年代中期から養蚕が盛んになり、屋根の中央部を突き上げた形が考案されたという。旧高野家住宅（重要文化財）は1800年頃の建築。間取りは土間、いどこ、なんど、座敷などで構成される。

古民家がブームで、あこがれの的《まと》になっているようです。しかし、古民家が注目されたのは最近だけのことではありません。明治から昭和初期に新興財閥《しんこうざいばつ》と呼ばれる富裕階層が登場しました。不思議にもその新進の財界人たちは競って古民家を求め、自分の住まいとしました。

甲州塩山《えんざん》市に「切り破風造《はふづく》り」と呼ばれる大きな切妻屋根の養蚕農家があります。そのうちの1棟（旧古屋家住宅）が造船業で活躍した財界人によって軽井沢に移築され、その年1935年にちなみ三五荘《さんごそう》

軽井沢にある三五荘。現在は中央工学校の南軽井沢山荘として公開されている。登録有形文化財。

昭和初期に改修された三五荘《さんごそう》

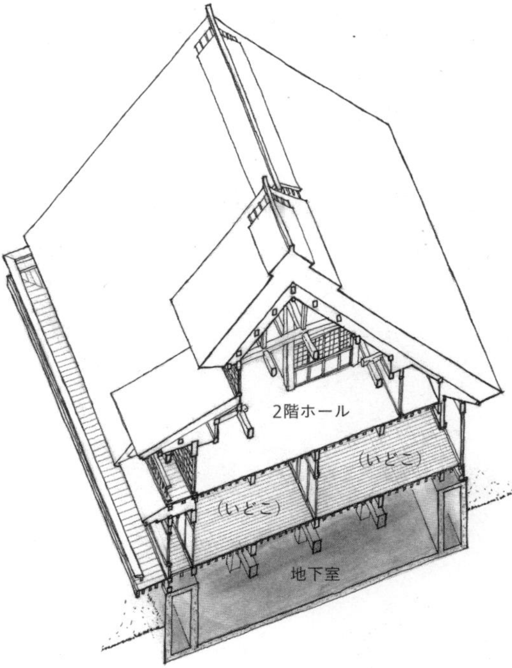

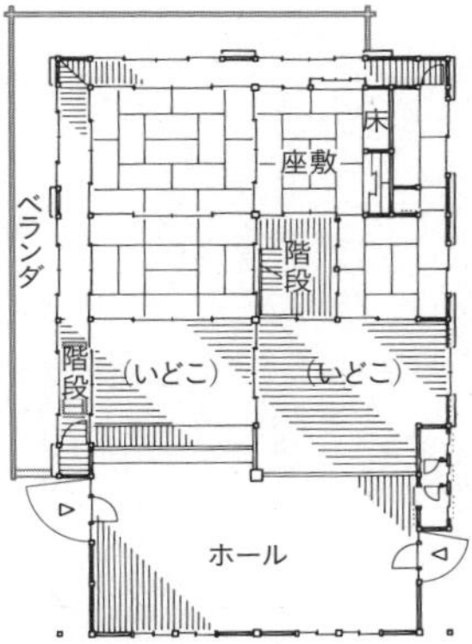

三五荘1階平面図

昭和10年（1935）移築改修／
三五荘（旧古屋家住宅）

甲州塩山型切妻民家を移築改修し、RC造地下室を設け、小屋裏を居室にするなど、現代生活に合わせ工夫された。三五荘の前身、古屋家住宅は江戸時代天保年間（1830～43年）頃の建築と考えられている。同形式の旧高野家住宅が塩山に現存し、古屋家のもとの姿に近い状態を見ることができる。

と命名されました。江戸時代末頃の建物ですが、今見てもすばらしい改修がなされています。その三五荘のルーツを知ることができる建物が2棟、文化財として保存されています。一つは高野家住宅で現地塩山に保存されています。もう一つ日本民家園（神奈川県川崎市）に移築保存された広瀬家は復原調査の結果、江戸時代中期にまで遡《さかのぼ》ることが判明し、創建当時の姿に復原保存されました。この3つの建物を通して時代とともに生き続けてきた民家の変遷が見えてきます。必見です。

使いまわし建築のすすめ

民家の改修、再利用が盛んになり、多くの人があこがれをもっているとも聞きます。貴重な古建築が大切にされることはなによりです。木造である日本建築は、増改築や移築再利用が容易であり、さまざまな形で使いまわされてきました。

民家の建物は新材だけでつくられることはありません。いたる所に転用材が用いられました。それは民家に限らず、桂離宮のような宮家（貴族）の建物でも同じでした。

御殿も書院も数寄屋も、次から次へとお下がりとして譲り受けられました。国宝茶室如庵《じょあん》は、京都から東京麻布に引き取られ、戦時疎開で神奈川の大磯に移り、現在は愛知県の犬山に保存されています。

現代では、既存家屋の部材を再利用することを大工さんは嫌います。おもな原因は釘と接着剤です。木材に打ち込まれた釘は大工道具を傷めます。接着剤で貼り付けた木材はきれいにはがれません。新しい材料のほうが簡単で、手間代よりも安いとなれば、わざわざ人手をかける必要もないのです。経済効率が優先された結果です。

古民家の木材を見ると、1本1本みな違い、独特の情感を醸し出します。職人の手で加工されているためです。現在の木材は製材技術の発達で均質になり、味がありません。古材にかけた手間代を現代の金額で計算すれば、古いというだけで価値があることになります。

建物を30年程度で使い捨ててきた時代は終わらねばなりません。

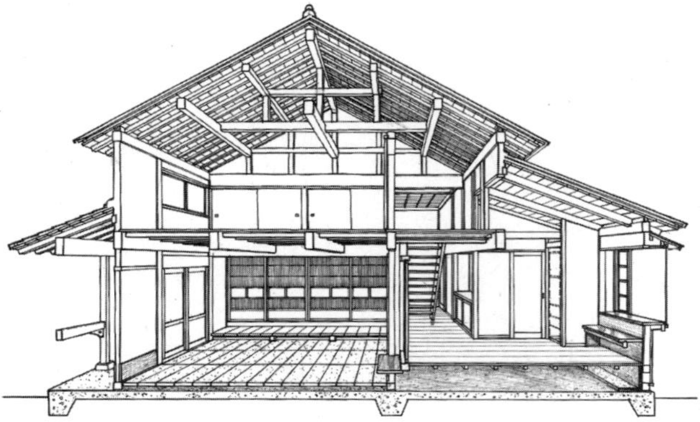

Y邸　山梨県南アルプス

⑥ 庭

Japanese Garden Styles

平安神宮庭園　飛石

伝統的な庭のかたち

庭園

池泉回遊式庭園《ちせんかいゆうしき》

平安時代から規模は異なるが、貴族、武家など、時の権力者は大規模な庭園をつくってきた。 海に見立てた池を中心とした庭を池泉、あるいは林泉という。池泉回遊式庭園は池のまわりをめぐるように苑路を設け、舟遊びや庭園散策など、回遊して楽しむ形の庭園である。築山、石組や樹木を配し名所の風景が模された。苑路の途中にはお茶屋や四阿（あずまや）など小さな休憩施設が設けられ、点景とされた。

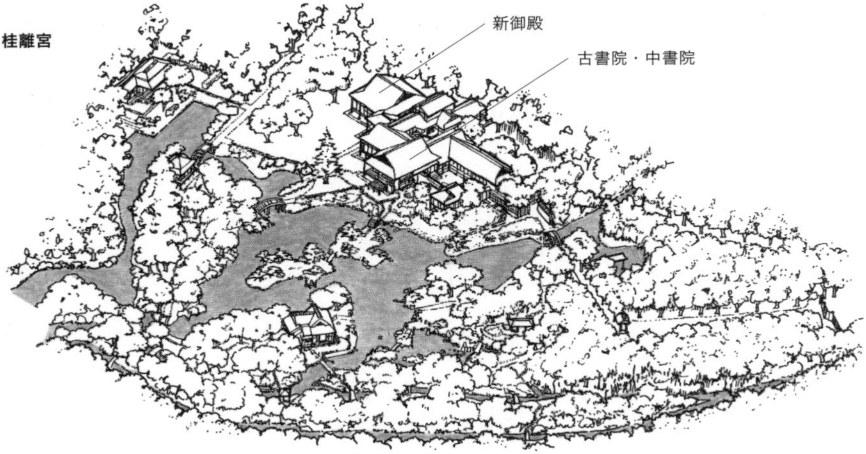

桂離宮

3·SET 池泉回遊式・枯山水・坪庭

日本の住宅建築と庭は切り離すことができず、開放的な住まいは庭と一体になることでその価値はより高まります。伝統的な日本庭園として、池泉回遊式《ちせんかいゆうしき》庭園、枯山水式《かれさんすいしき》庭園（石庭）、坪庭《つぼにわ》（露地庭）が知られています。古くは日本庭園の原イメージは海でした。平安時代の末に書かれた日本最古の庭園書『作庭記《さくていき》』でも、庭の代表例として「大海様《たいかいよう》」が記され、ほかに「大河様《たいがよう》」「山河様《さんがよう》」「沼地様《しょうちよう》」など水に関わるものばかりです。寝殿造りにおける池泉の庭も、白砂を敷き箒目《ほうきめ》を引く枯山水も、同じように海の楽園への憧《しょう》憬《けい》を表わしたものでした。今日でも庭に池をつくることは、その伝統が生きているのかもしれません。庶民住宅での庭とは、もともと内部の土間（植土間《ハニマ》）のことで、庭という文字も广に廷で、屋根がついた土間や中庭をさす言葉でした。近畿地方では民家の土間を「にわ」と呼んでいます。露地庭《ろじにわ》による影響は、自然と離れて生活する都市住民の住まいである町家に取り込まれ、坪庭がつくられました。

枯山水式《かれさんすいしき》庭園／石庭《せきてい》

室町時代頃から禅宗寺院で発達した庭園の形。白砂と石で山水を表現した庭園様式。白砂は大海を表わし、自然石とともに深山幽谷のさまが象徴された。方丈から望む枯山水は禅の精神性を表現しているといわれる。周囲に築地塀をめぐらせ結界とする。また、平安時代から伝えられてきた仏の世界を表わす須弥山や、神仙思想の蓬莱山、また吉祥を意味する鶴亀島などを表現した石組が枯山水にも取り入れられた。

龍安寺石庭

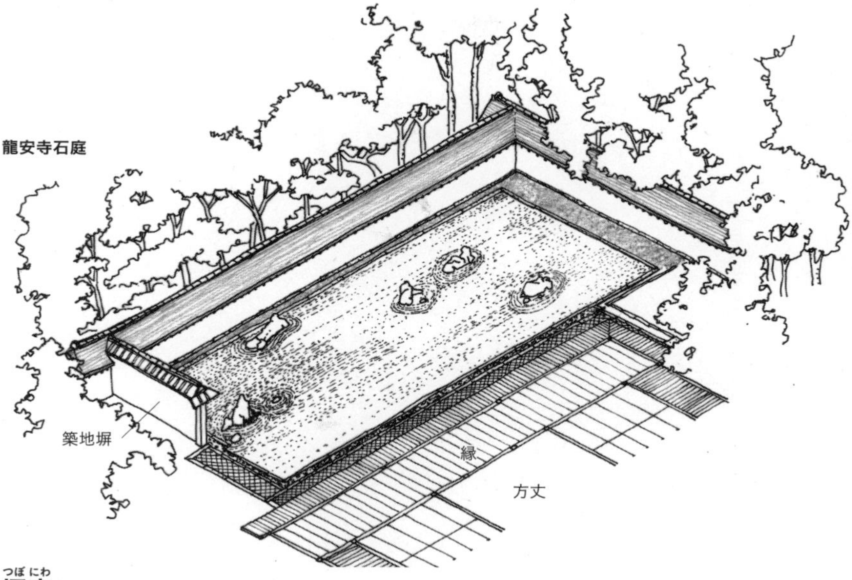

坪庭《つぼにわ》

源氏物語絵巻にも登場する平安時代の寝殿造りでは、渡廊などとの間に、桜の木や藤などが植え込まれ、壺前栽（つぼせんざい）と呼ばれた。今日一般にいう坪庭は、江戸時代に都市で発達した町家のなかにつくられた小規模な庭のことである。限られた空間を生かし、植栽のほかに石燈籠や手水鉢など、茶室の露地庭の要素を取り込み、座敷や縁先から楽しむ形である。同時に、密集した町家の通風をうながす装置でもある。

町家の坪庭の例

用が六分に，景は四分
飛石・延段・敷石

桂離宮御《お》輿寄《こしよせ》の前庭

中門まわりの切石の配置と庭を斜めに貫く幾何学的な延段、その間に自然に配された飛石の組合せが見事である。図面で見るとよりその美しさが読み取れる。江戸時代のデザインだと思われるが、現代の目で見ても斬新である。44個の切石でつくられたこの延段は「真の飛石」と呼ばれている。

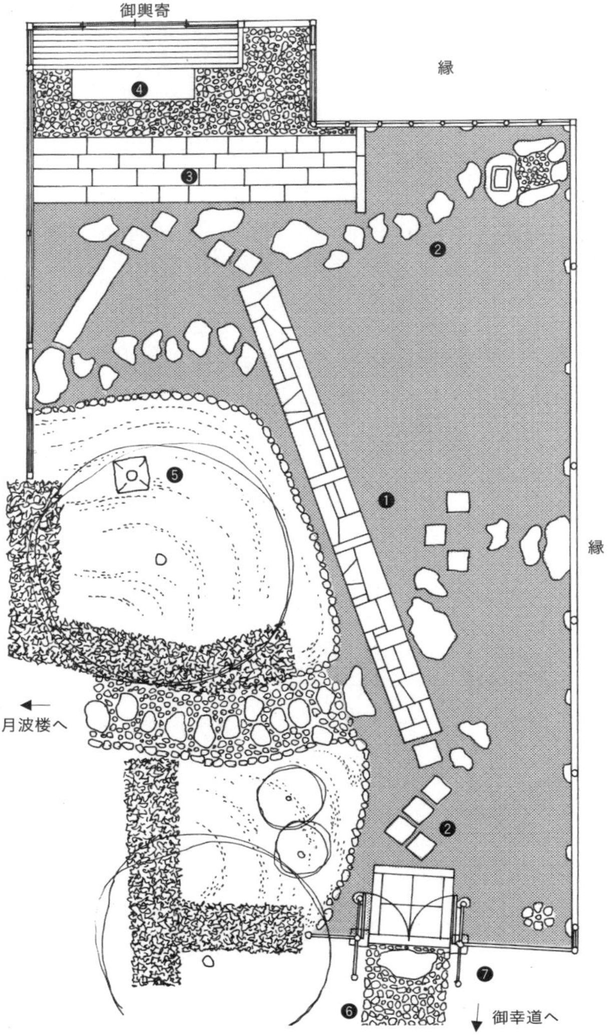

❶延段
❷飛石
❸石段
❹沓石
❺燈籠（織部燈籠）
❻畳石
❼中門

敷石と玉石敷きのバリエーション

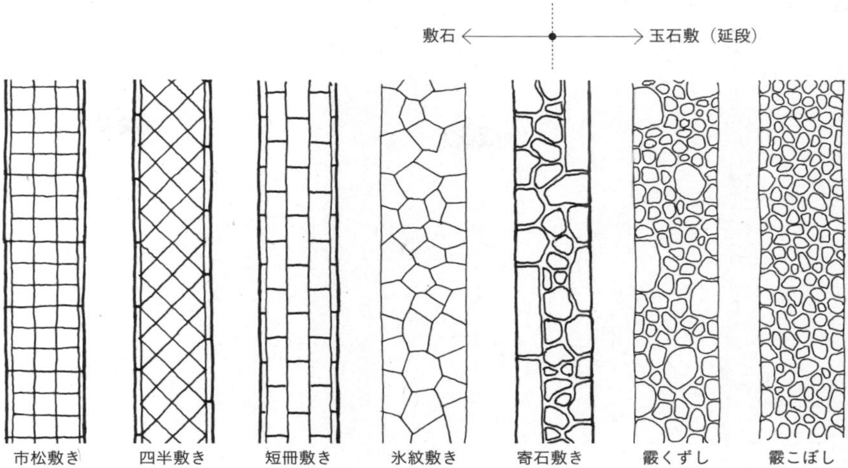

飛石の打ち方バリエーション

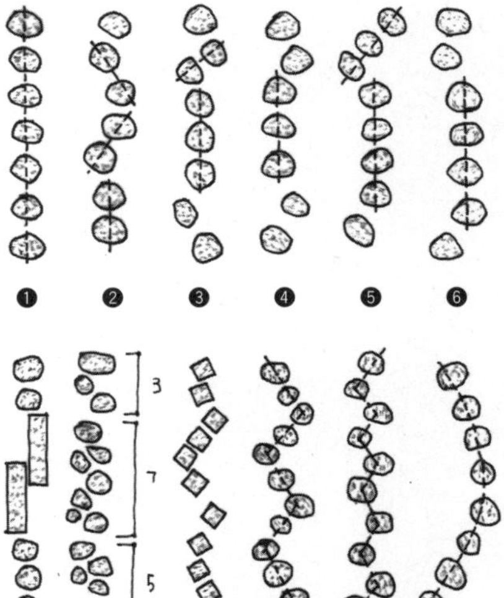

❶直打ち　❷二連打ち　❸二三連（ふみくずし）打ち
❹三連打ち　❺三四連打ち　❻四連打ち
❼筏（いかだ）打ち　❽七三五打ち
❾切石角違い打ち　❿雁打ち・雁行打ち
⓫千鳥打ち　⓬大曲り打ち

3·SET　飛石《とびいし》・延段《のべだん》・敷石《しきいし》

石を点々と配した「飛石」は、茶庭の露地《ろじ》に用いられたことが始まりといわれています。履物の汚れを茶席に持ち込まないためともいわれます。飛石へのこだわりについて、千利休《せんのりきゅう》は「用《よう》が六分《ぶ》、景《けい》が四分《ぶ》」、弟子の古田織部《ふるたおりべ》は「用が四分、景が六分」という伝承があります。伝い歩くことだけが目的ではなく、美的な要素も含まれていたのです。切石を並べた「敷石」から、自然石や玉石を組み合わせ独自の表現に変化させた「延段」をつくり、庭のデザインに取り込んだのもお茶の影響でした。その組合せ方にもさまざまなバリエーションをつくり出しました。挽臼《ひきうす》石や建物の礎石《そせき》、橋脚などの転用材も用い、独自の景観をつくりだした美意識は特筆すべきものです。

庭を演出する石のオブジェ
石燈籠と手水鉢

石《いし》燈《どう》籠《ろう》の部分名称

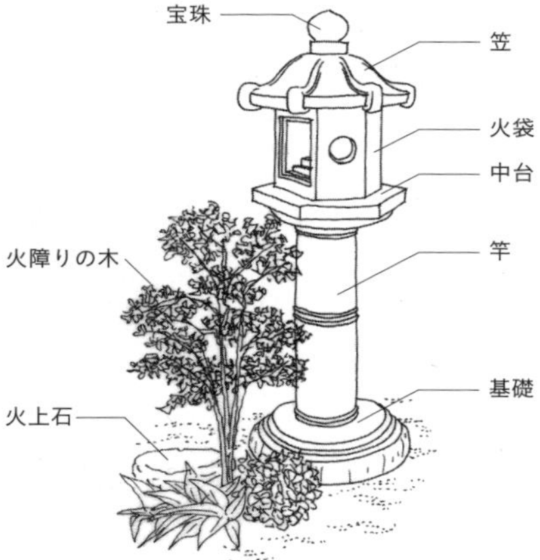

燈籠は本来社寺の献灯具が庭の景物として取り入れられたもの。基本的に基礎、竿、中台、火袋（ひぶくろ）、笠、宝珠（ほうじゅ）で構成される。周囲に目立ちすぎないよう添える木を火障りの木と呼ぶ。

織部《おりべ》燈籠

武家茶人、古田織部の考案とされる。基礎がなく竿を掘立てとし、中台と笠は四角形。簡素な趣きをもつ。近代になり、全体の形状を十字架に見立て、キリシタン燈籠とも呼ばれる。

石燈籠のバリエーション

お間形燈籠
奈良の春日大社本社と若宮の間に立つことから名がついた。笠と竿が四角形で、火袋は木組となっている。

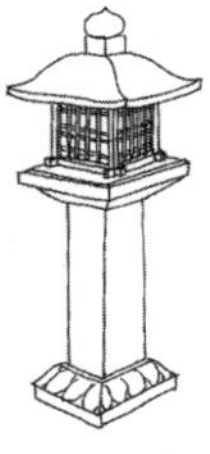

蓮華寺形燈籠
笠をすぼめたような形が特徴。面に瓦葺きのような線が入る。また、竿は円柱で、笠、中台、火袋は六角形。

三角燈籠
竿、中台、火袋、笠、宝珠のいずれも三角形。清水寺成就院にあるものが本歌とされる。

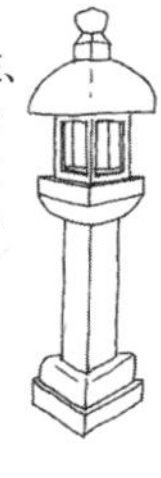

水蛍燈籠
この燈籠の灯が池に映ると蛍が飛んでいるように見えることからこの名がついたとされる。桂離宮の賞花亭登り口にある。

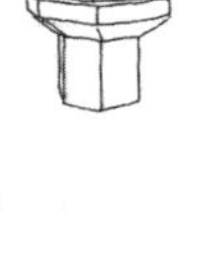

袖形燈籠
切り欠かれた部分が火袋で、ここに釣燈籠を下げる。振袖の形状に似ていることからこの名がある。

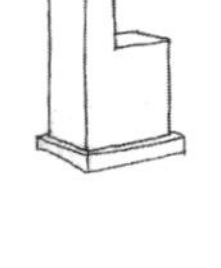

雪見燈籠
基礎と竿がなく、3本あるいは4本の湾曲した脚をもつのが特徴。笠の勾配は緩やかで、中台は丸形、八角など多様。

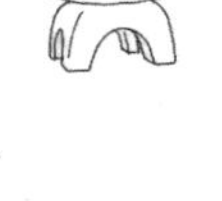

手水鉢《ちょうずばち》のバリエーション

銀閣寺形

慈照寺銀閣の方丈から東求堂への渡り廊下の傍に設けられているものが本歌である。水穴は円形で四方に格子、市松模様がつけられている。

袈裟形（けさがた）

宝塔の塔身を転用したものである。京都大徳寺の塔頭、高桐院の露地にはこの形の見事な手水鉢がある。

橋柱形

橋の柱石などを利用したものである。高さがあるため縁側先などの鉢前に使われることが多い。

石燈籠《いしどうろう》は、本来神仏への献燈という目的でつくられました。その目的から切り離し、庭園や露地の夜間照明具に転用されたのは近世以後のことです。本来の機能や形から離れ、彫刻的で自由な造形のものが創作され、庭の点景として必需品となりました。同様に、手水鉢《ちょうずばち》にも転用物が用いられました。古い石造宝塔《ほうとう》・五輪塔の塔身や基礎部分を転用し、袈裟《けさ》形手水鉢、基礎形手水鉢などと呼びました。既存のものを意識的に利用し、新たな価値や美意識をつくり出すことを「本歌取《ほんかど》り」といい、日本特有の方法です。

庭で手を洗うための水盤は、同じ形のものであっても2種類あります。一つは茶庭用に設けられた蹲踞《つくばい》で、身を屈めつくばって手を洗うものです（p.071）。もう一つは縁側などに接して置かれ、床上から直接使う手水鉢です。お茶に用いられた蹲踞が日常にも取り入れられて手水鉢になり、その清潔感からトイレの手洗いにまで使われたと想像します。自然石の穴を開けただけのものから、幾何学的な造形としたものなどさまざまです。

日本家屋の必須アイテムだった
門と垣根

棟門《むなもん》と冠木門《かぶきもん》

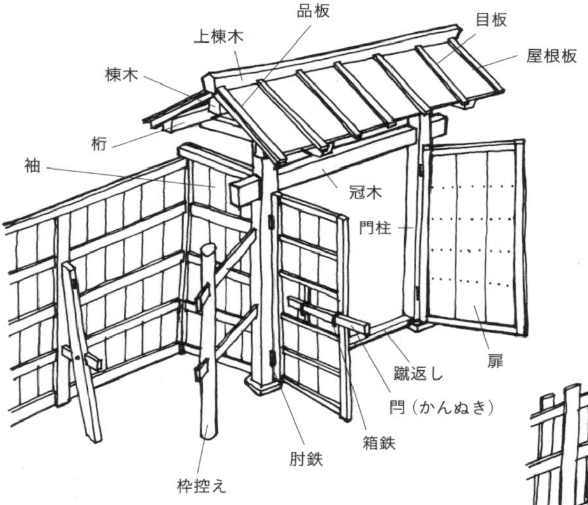

棟門

棟門はもっとも単純な屋根付き門の形。本柱の2本が屋根の棟木まで延び、屋根部分を直接支持する構造。棟門の屋根を取り、2本の柱に横木を通した簡単な形が冠木門。「釘貫門（くぎぬきもん）」とも呼ぶ。

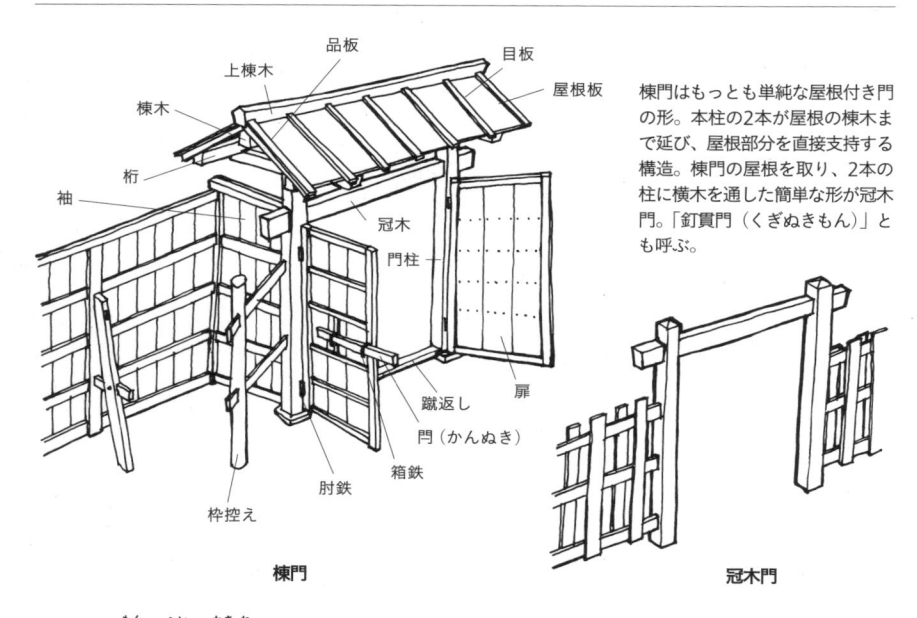

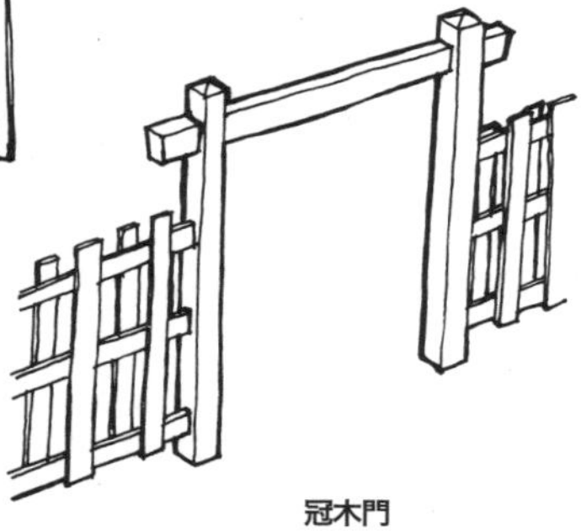

冠木門

3·SET 門《もん》・塀《へい》・垣根《かきね》

門の起源には諸説あるようですが、屋根がある立派な門がつくられるのは、仏教建築の伝来頃かと思われます。門の形は、柱2本の簡単なものから、2階建ての二重門まで千差万別です。その呼名も設置場所によるものや、機能形態によるもの、構造形式によるものなど多種多様で、日本人の門への関心の高さがうかがえます。それを証明するように、つい最近まで日本の住宅には必ず塀《へい》があり、門が設けられていました。

町家では、小さな家にも簡単な門と板塀がついていました。ステイタスと同時に、開放的な日本家屋には必要なものだったのでしょう。農家では害獣などからの防衛も兼ねて垣《かき》を設け、名主や庄屋階級は長屋門《ながやもん》などを設けました。

また、生活やプライバシーの必要性から離れ、内垣《うちがき》や仕切垣と呼ばれる庭園内を演出する垣が盛んにつくられます。茶の湯の隆盛に伴い、露地庭《ろじにわ》には竹垣などの侘びた風情が好まれ、さまざまな意匠と独特の呼名をもつ垣がつくられました。

垣根のバリエーション

建仁寺垣（けんにんじがき）

竹を主とした垣根で、半割にした丸竹を縦に隙間なく並べ、横縁と呼ばれる新竹で押え止め付ける。最上部も割竹を冠し、両面同じ方法でつくられる。

光悦垣（こうえつがき）

風雅な景色を醸すもので京都鷹ヶ峰の光悦寺にあることにちなんだ名称。割竹を丸くたばね、これを長く伸ばして全体に曲線を描くようにしつらえる。そのなかに菱組に竹を編み取り付けた意匠である。

竹穂垣（たけほがき）

桂離宮に設けられている。竹の穂を厚く重ねて横にめぐらせ、縦の押縁として小口を斜めに切った真竹を用いている。繊細さと高貴な風格をもつ。

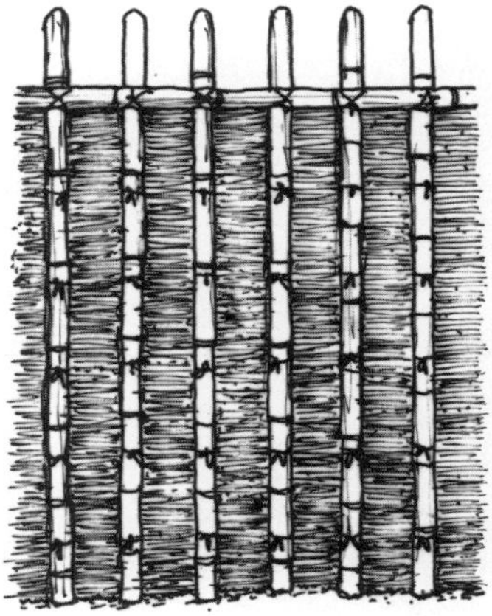

柴垣（しばがき）

柴を材料にして作られた垣根。芯材に柴を両面から束ねて抱き合わせ、割った丸太で押えたもの。頂部の穂先から傷むので簡易な板庇などを設け、保護と意匠を兼ねている。

矢来垣（やらいがき）

竹や丸太を粗く組んだ囲いを矢来と呼ぶ。半割の竹を菱形に組み、丸竹を横に通した造りは、大徳寺孤篷庵の遠州垣として有名。遠州は小堀遠州のこと。

建物を見に行こう!

最後も三題噺《さんだいばなし》です。建物を理解するための方法は、「直接見ること・肉眼で見ること・繰り返し見ること」です。

最初はあまり考えずに、実物を直接体験することから始めます。「百聞《ひゃくぶん》は一見《いっけん》にしかず」「一目瞭然《いちもくりょうぜん》」などの格言があるように、古《いにしえ》からの真実です。極言すれば、それ以外に方法はありません。

次に、カメラのファインダーではなく、自分の肉眼と五感を総動員して見ることが大切です。建物のにおいをかぎ、どのような音がし、吹いていた風を感じ取ると、より鮮明に記憶されるものです。写真を写すことで満足してしまわないように、注意が必要です。

そのうえに大切なことは、良い建物を数多く、繰り返し見ることです。食べ物と同じで、一度見ただけで好き嫌いを決めてしまわないことが大切です。好みは一時期のもので、経験を積むうちに変化します。デザインだけでなく材料や手間、コストまでも含めて、建物の多様な価値をそのまま受け止めることです。ものは変わりませんが、人間は変化していくものです。見るたびに新しい発見があり、より豊かなものが見えてくるはずです。

この小さな本が、日本の住まいを理解するために役立つことができれば幸いです。

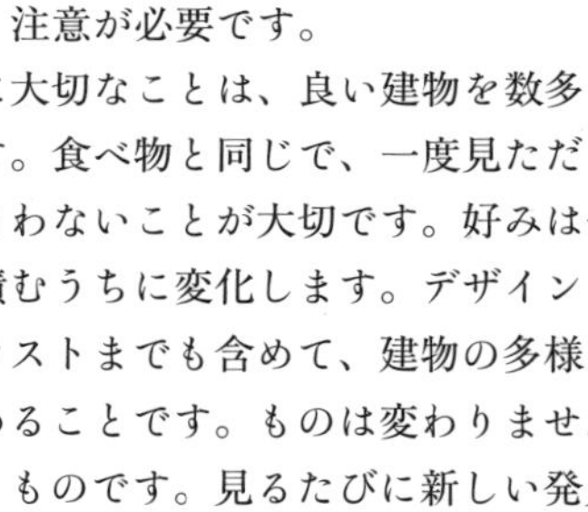

陽明文庫虎山荘　鬼瓦

おもな参考文献

「絵巻物の建築を読む」小泉和子／玉井哲雄／黒田日出男編　東京大学出版会
「家船心得集　今西氏家船縄墨私記・乾」生活史研究所年報第1号
「建築家, 吉田鉄郎の『日本の建築』」「同『日本の住宅』」「同『日本の庭園』」
　吉田鉄郎著　鹿島出版会
「古建築のみかた・かたちと魅力」伊藤延男著　第一法規
「室内と家具の歴史」小泉和子著　中央公論社
「住まいの人類学」大河直躬著　平凡社
「改訂伝統のディテール」彰国社編刊
「床の間」太田博太郎著　岩波新書
「日本建築のかたち」西和夫／穂積和夫著　彰国社
「図解日本建築の構成」山田幸一著　彰国社
「図説日本住宅史」太田博太郎著　彰国社
「日本住居史」小沢朝江／水沼淑子著　吉川弘文館
「日本人のすまい」平井聖著　市ヶ谷出版社
「日本の近世住宅」平井聖著　鹿島出版会
「日本名建築写真選集13　三溪園」平井聖解説／田畑みなお撮影　新潮社
「日本名建築写真選集19　桂離宮」大和智解説／十文字美信撮影　新潮社
「日本名建築の美　その心と形」西澤文隆著　講談社
「日本の美術No.405　城と御殿」大和智編著　至文堂
「日本の美術No.83　茶室」堀口捨己編　至文堂
「茶室」千宗室／村田治郎／北村伝兵衛編著　淡交社
「図説茶室の歴史」中村昌生著　淡交社
「茶室平面集」岡田孝男著　学芸出版社
「茶の露地」千宗室監修／重森完途著　淡交社
「図説江戸図屏風をよむ」小澤弘／丸山伸彦編　河出書房新社
「近畿町家の住まい」INAX ALBUM32日本列島民家の旅（5）近畿2
　林良彦著　INAX出版
「五箇山の四季とくらし」五箇山自然文化研究会編　上平村教育委員会発行
「住まいの伝統技術」安藤邦廣／乾尚彦／山下浩一著　小社刊
「日本人の住まい」宮本常一著　農文協
「日本の美術No.167　町家と町並　東北・北海道」宮澤智士編著　至文堂
「日本の美術No.287　民家と町並　関東・中部」清水擴編著　至文堂
「日本列島民家史」宮澤智士著　住まいの図書館出版局
「日本の美術　別巻　庭」早川正夫著　平凡社
「日本の美術No.34　庭園とその建物」森 蘊編　至文堂

作図の下図（線画）出典

p015旧広瀬家住宅, p087旧江向家住宅・旧山下家住宅：
　「川崎市立日本民家園ガイドブック」川崎市立日本民家園発行
p036下：「CONFORT別冊 土と左官の本」小社刊
p054～056：「CONFORT31号」「CONFORT別冊2 和風インテリア襖」小社刊
p057上右：「CONFORT56号」小社刊
p087旧田中家住宅・旧矢箆原家住宅：
　「民家村の旅」INAX ALBUM17　大野敏著　INAX出版
p098桂離宮, p099龍安寺石庭：「庭園の詩学」C・W・ムーア／
　W・J・ミッチェル／W・ターンブル・ジュニア共著　有岡孝訳　鹿島出版会
p100桂離宮御輿寄前庭：
　「建築家, 吉田鉄郎の『日本の庭園』」吉田鉄郎著　鹿島出版会

本書は「CONFORT100号記念特別号」別冊付録（小社刊）を改稿・増補した書籍です

索引

■あ

明かり（あかり）……092
明かり欄間（あかりらんま）……052,062
揚簀戸（あげすど）……070
四阿（あずまや）……098
雨戸（あまど）……014,059
行灯（アンドン）……093
石燈籠（いしどうろう）……102
石場立て（いしばだて）……027
泉殿（いずみどの）……008
板戸（いたど）……058
板の間（いたのま）……083
板葺き屋根（いたぶきやね）……020
板葺き石置屋根（いたぶきいしおきやね）……020,087
板葺き棟（いたぶきむね）……021
板塀（いたべい）……104
犬矢来（いぬやらい）……065
入側（いりかわ）……033
入母屋（屋根）（いりもややね）……019,087
入炉（いりろ）……073
色付け（いろつけ）……009
色付九間書院（いろつけここのましょいん）……076
囲炉裏（いろり）……092
印籠縁（いんろうぶち）……055
うだつ……089
内法材（うちのりざい）……038
海（うみ）……071,098
埋樫（うめがし）……039
えびす造り（えびすづくり）……091
縁（えん）……014,033,052,066
遠州垣（えんしゅうがき）……105
円柱（えんちゅう）……012,026
大壁（おおかべ）……036
大面取り角柱（おおめんとりかくばしら）……026
押板（おしいた）……011,042,044,048
おだち組（おだちぐみ）……022
落縁（おちえん）……033
お茶屋（おちゃや）……098
落掛け（おとしがけ）……030,045
鬼瓦（おにがわら）……021
帯戸（おびど）……058
表家造り（おもてやづくり）……089
折置組（おりおきぐみ）……025
織部燈籠（おりべどうろう）……102
織部床（おりべどこ）……043

■か

蚕棚（かいこだな）……086
鏡板戸（かがみいたど）……058
垣根（かきね）……104
角柱（かくばしら）……013,026
掛込天井（かけこみてんじょう）……068
片捌（かたさばき）……039
片流れ屋根（かたながれやね）……019
合掌造り（がっしょうづくり）……086
桂離宮（かつらりきゅう）……063,098,100
火燈窓・火燈形（かとうまど・かとうがた）……009,047
矩勾配（かねこうばい）……020
冠木門（かぶきもん）……104
カブト造り（かぶとづくり）……085
壁代（かべしろ）……008,051
框床（かまちどこ）……043
カマド……093
釜蛭釘（かまひるくぎ）……072
鴨居（かもい）……031,038,058,061,063
茅葺き屋根（かやぶきやね）……020
茅葺き棟（かやぶきむね）……021
茅門（かやもん）……070
枯山水式庭園（かれさんすいしきていえん）……099
側土台（がわどだい）……027
瓦葺き屋根（かわらぶき）……020
瓦葺き棟（かわらぶきむね）……021
観音扉（かんのんとびら）……090
几帳（きちょう）……051
木連格子戸（きづれごうしど）……059
木連格子（きづれごうし）……064
貴人畳（きにんだたみ）……072,073
客座（きゃくざ）……068,073
客畳（きゃくだたみ）……072
給仕口（きゅうじぐち）……072
旧矢箆原家（きゅうやのはらけ）……086
京呂組（きょうろぐみ）……025
木寄せ（きよせ）……010
切妻屋根（きりづまやね）……019,087,094
切り破風造り（きりはふづくり）……094
切目縁（きりめえん）……033
切目格子（きりめごうし）……065
木割（きわり）……026
釘隠し（くぎかくし）……038
釘貫門（くぎぬきもん）……104
蔵座敷（くらざしき）……011,090
蔵造り（くらづくり）……011,090
蔵窓（くらまど）……011
車寄せ（くるまよせ）……032
榑縁（くれえん）……033
蹴込床（けこみどこ）……043
化粧屋根裏（けしょうやねうら）……069

下段（げだん）………013
下屋（げや）………015
玄関（げんかん）………032
格子（こうし）………064
格子戸（こうしど）………058
甲州塩山型切妻民家（こうしゅうえんざんがたきりつまみんか）………093
格天井（ごうてんじょう）………040
勾配天井（こうばいてんじょう）………040
小壁（こかべ）………031,038,063
柿葺き（こけらぶき）………020
腰掛け（こしかけ）………070
腰貼り（こしばり）………068
腰葺き（こしぶき）………023
小平・五平（ごひら）………077
小間（こま）………072,073,078
古民家（こみんか）………094
子持ち格子（こもちごうし）………065
小屋組（こやぐみ）………022

■さ
在来工法（ざいらいこうほう）………024
竿縁天井（さおぶちてんじょう）………031,040
作庭記（さくていき）………098
差鴨居（さしがもい）………083
座敷（ざしき）………014,030,033,034,039,052,054,058,061,063,083
座敷飾り（ざしきかざり）………013,047
合掌（サス）………086
サス組（さすぐみ）………022
茶道口（さどうぐち）………072,075
山河様（さんがよう）………098
桟瓦葺き（さんがわらぶき）………020
山居の体（さんきょのてい）………070
残月亭（ざんげつてい）………076
三五荘（さんごそう）………095
三七溝（さんしちみぞ）………056
三畳台目（さんじょうだいめ）………072
枝折戸（しおりど）………071
敷居（しきい）………031,032,038,052,058
敷石（しきいし）………101
式台（しきだい）………032
敷目板天井（しきめいたてんじょう）………040
仕切垣（しきりがき）………104
仕切り装置（しきりそうち）………030
四七溝（ししちみぞ）………056
下地窓（したじまど）………010,068
七事式（しちじしき）………076
市中の隠（しちゅうのいん）………070
漆喰（しっくい）………037
舗設（しつらい）………012,050
蔀戸（しとみど）………008,051,058
地袋（じぶくろ）………031,046,076
重要伝統的建造物群保存地区（じゅうようでんとうてきけんぞうぶつぐんほぞんちく）………088
撞木（しゅもく）………078
聚楽（じゅらく）………037
春草廬（しゅんそうろ）………068
書院（しょいん）………009,031,042,047
書院飾り（しょいんかざり）………049
書院造り（しょいんづくり）………009,013,083
城郭建築（じょうかくけんちく）………091
定規縁（じょうぎぶち）………055
障子（しょうじ）………013,014,050,052,056
上々段（じょうじょうだん）………013
上段（じょうだん）………013,076
沼地様（しょうちよう）………098
匠明（しょうめい）………068
上屋（じょうや）………015
如心斎（じょしんさい）………076
白木造り（しらきづくり）………009
真壁（しんかべ）………036
寝殿造り（しんでんづくり）………008,012,026,050,083,098
芯持ち背割入り角柱（しんもちせわりいりかくばしら）………026
数寄屋造り（すきやづくり）………009,014,023,069
数寄屋風書院（すきやふうしょいん）………014,063,069
筋交（すじかい）………024
炭入（すみいれ）………079
隅棟（すみむね）………019
隅炉（すみろ）………073
接客・対面（せっきゃく・たいめん）………013
禅宗寺院（ぜんしゅうじいん）………099
禅宗様（ぜんしゅうよう）………009
千利休（せんのりきゅう）………042,068,101
草庵茶室（そうあんちゃしつ）………069
草庵風茶室（そうあんふうちゃしつ）………008,042,044,069
宗益（そうえき）………068
礎石立て（そせきだて）………027
そで蔵（そでぐら）………091
反り起り屋根（そりむくりやね）………019
反り屋根（そりやね）………019

■た
待庵（たいあん）………069
大海様（たいかいよう）………098
耐火建築（たいかけんちく）………090
大河様（たいがよう）………098
対屋（たいのや）………008

台目構え（だいめがまえ）..........072
台目切り（だいめぎり）..........073
耐力壁（たいりょくへき）..........024
高八方（たかはっぽう）..........085
高床（たかゆか）..........083
竹垣（たけがき）..........030,104
竹簀子（たけすのこ）..........079
武野紹鷗（たけのじょうおう）..........069
出桁造り（だしげたづくり）..........025
出文机（だしふづくえ）..........047
畳（たたみ）..........009,030,034
畳表（たたみおもて）..........034
畳縁（たたみべり）..........034
畳割内法制（たたみわりうちのりせい）..........030
棚（たな）..........011,031,042,046,047
谷（たに）..........019
玉石基礎（たまいしきそ）..........027
玉石敷き（たまいしじき）..........101
違棚（ちがいだな）..........046,048
千木（ちぎ）..........021
池泉回遊式庭園（ちせんかいゆうしきていえん）098
茶室（ちゃしつ）..........068
茶室飾り（ちゃしつかざり）..........078
茶庭（ちゃにわ）..........101
中段（ちゅうだん）..........013
中門（ちゅうもん）..........008,032,070
手水鉢（ちょうずばち）..........071,103
帳台（ちょうだい）..........012,051
帳台構え（ちょうだいがまえ）..........009,011,013
築地塀（ついじべい）..........099
衝立（ついたて）..........051
2×4工法（ツーバーフォーこうほう）..........024
蹲踞（つくばい）..........070,103
付書院（つけしょいん）..........047,076
付樋端（つけひばた）..........039
ツシ2階（つしにかい）..........011,089
土壁（つちかべ）..........036
続き間（つづきま）..........031,052,061
壷前栽（つぼせんざい）..........099
坪庭（つぼにわ）..........089,099
妻入り（つまいり）..........019,087
妻戸（つまど）..........058
面付け（つらつけ）..........045
釣棚（つりだな）..........068
釣床（つりどこ）..........043
釣殿（つりどの）..........008
庭園（ていえん）..........068,103
手桶石（ておけいし）..........071
点前座（てまえざ）..........068,073
点前畳（てまえだたみ）..........072
出炉（でろ）..........073
天井（てんじょう）..........040
天井竿縁（てんじょうさおぶち）..........076
天井廻縁（てんじょうまわりぶち）..........031,040
天袋（てんぶくろ）..........031,046,079
通り庭（とおりにわ）..........088
床（床の間）（とこ・とこのま）
..........011,030,042,044,047,075
床飾り（とこかざり）..........048
床框（とこがまち）..........030,045
床差し（とこざし）..........042,076
床畳（とこだたみ）..........030
床柱（とこばしら）..........030,045,069
床脇（とこわき）..........009,046,047
戸棚（とだな）..........079
飛石（とびいし）..........070,101
土庇（どびさし）..........033
戸袋（とぶくろ）..........014,058
ドブ縁（どぶぶち）..........055
土間（どま）..........083
土間（植土間）（どま・はにま）..........098

■な

中板（なかいた）..........058,075
流し（ながし）..........079,093
中柱（なかばしら）..........072
長押（なげし）..........031,038
棗（なつめ）..........078
躙口（にじりぐち）..........068,072,075
日本庭園（にほんていえん）..........098
庭（にわ）..........014
貫工法（ぬきこうほう）..........024
布石基礎（ぬのいしきそ）..........027
布基礎（ぬのぎそ）..........027
塗籠（ぬりごめ）..........012
塗残し窓（ぬりのこしまど）..........010
塗屋造り（ぬりやづくり）..........011,090
濡縁（ぬれえん）..........033
農家（のうか）..........010,086
熨斗（のし）..........021
延段（のべだん）..........070,101

■は

柱間心々制（はしらましんしんせい）..........030
鼻隠（はなかくし）..........019
破風（はふ）..........019
張付け壁（はりつけかべ）..........036
火棚（ヒアマ・ヒヤマ）..........092
ひかりつけ..........027
引手（ひきて）..........055
庇（ひさし）..........008,012,019,066
一筋敷居（ひとすじじきい）..........014

一軒（ひとのき）……023
雛留（ひなどめ）……039
屏風（びょうぶ）……008,051
平入り（ひらいり）……019,087
平書院（ひらしょいん）……047
平天井（ひらてんじょう）……040,069
広縁（ひろえん）……033
広間（ひろま）……073,078
広間型プラン（ひろまがたぷらん）……084
広間切り（ひろまぎり）……073
琵琶台（びわだい）……076,078
檜皮葺き（ひわだぶき）……020
琵琶床（びわどこ）……043
袋棚（ふくろだな）……046
袋床（ふくろどこ）……043
襖（ふすま）……013,052,054
二軒（ふたのき）……023
踏込畳（ふみこみだたみ）……072
踏込床（ふみこみどこ）……043
プラットフォームシステム……025
古田織部（ふるたおりべ）……101
風炉（ふろ）……073
風炉先屏風（ふろさきびょうぶ）……078
風炉先窓（ふろさきまど）……068
分棟型（ぶんとうがた）……085
塀（へい）……104
ベタ基礎（べたぎそ）……027
方形屋根（ほうぎょうやね）……019
掘立て（ほったて）……027
洞床（ほらどこ）……043
本歌取り（ほんかどり）……103
本瓦葺き（ほんがわらぶき）……020
本棟造り（ほんむねづくり）……085

■ま

舞良戸（まいらど）……058
前石（まえいし）……071
曲り屋（まがりや）……085
枕捌（まくらさばき）……039
間越欄間（まごしのらんま）……061
孫庇（まごびさし）……012
マス縁（ますぶち）……055
又下屋（またげや）……015
町並み（まちなみ）……011,064,088
町家（まちや）……011,064,088,104
間取り（まどり）……030,075,084,089
丸太（まるた）……026,044,049
丸畳（まるだたみ）……073
御簾（みす）……008,051
水切瓦（みずきりがわら）……011
水切棚（みずきりだな）……079
水屋（みずや）……079
水屋飾り（みずやかざり）……079
水屋拝見（みずやはいけん）……079
ミセ……089
店蔵（みせぐら）……011,090
店蔵造り（みせぐらづくり）……091
箕甲（みのこう）……019
民家（みんか）……010,015,083
起り屋根（むくりやね）……019
向切り（むこうぎり）……073
虫籠窓（むしこまど）……011,089
棟木（むなぎ）……021
棟門（むなもん）……104
棟（むね）……019
室床（むろどこ）……069
目板格子（めいたごうし）……064
面皮柱（めんかわばしら）……026
母屋（もや）……008,012
門（もん）……104

■や・ら・わ

焼屋造り（やけやづくり）……090
屋根勾配（やねこうばい）……019
大和棟（やまとむね）……085
矢来垣（やらいがき）……105
遣戸（やりど）……014,051,058
湯桶石（ゆおけいし）……071
用が四分,景が六分
（ようがよんぶ,けいがろくぶ）……101
用が六分,景が四分
（ようがろくぶ,けいがよんぶ）……101
洋小屋（ようごや）……022
養蚕（ようさん）……086,094
ヨコザ……093
四畳半（茶室）（よじょうはん）……069,072
四畳半切り（よじょうはんぎり）……073
寄棟屋根（よせむねやね）……019
与力格子（よりきごうし）……064
四間取り（田の字型）プラン（よんまどり・
たのじがたぷらん）……084
欄間（らんま）……031,038,047,052,060,062
林泉（りんせん）……098
連子窓（れんじまど）……068
炉（ろ）……072
露地（ろじ）……098,101,103
炉壇（ろだん）……073
炉縁（ろぶち）……073
枠組壁工法（わくぐみかべこうほう）……025
和小屋（わごや）……022
渡廊（わたろう）……008,099
和洋折衷（わようせっちゅう）……010,016

中山章（なかやま・あきら）
1953年福島県生まれ。75年日本大学工学部建築学科卒業。83年「日本建築」セミナーに参加。89年中山章建築研究室を開設。住宅、木造建築を中心に設計活動を行い、日本建築の研究をとおし、古建築の調査研究、古民家の改修などに携わる。2001年より東洋大学建築学科非常勤講師。共著に「近代建築小事典」（オーム社）、「名句で綴る近代建築史」（井上書院）などがある。

知っておきたい住宅設計の基本
図説　日本の住まい

平成21年 3 月10日　初版第1刷発行
平成30年11月30日　　　　第2刷発行

著者　中山章
発行人　馬場栄一
発行所　株式会社建築資料研究社
〒171-0014東京都豊島区池袋2-38-2 COSMY-I 4F
http://www2.ksknet.co.jp/book
tel.03-3986-3239 fax.03-3987-3256

編集　清水潤（ワトジ編集室）
アートディレクション　松田行正
デザイン　加藤愛子
印刷所　図書印刷株式会社
DTP製作　株式会社センターメディア

ISBN978-4-86358-017-6